D1694599

Ulla Giessler · Warum wolltest du mich nicht?

Ulla Giessler

Warum wolltest du mich nicht?

Die Geschichte einer Adoption

1 8 9 1

Salzer Verlag GmbH Bietigheim

© Salzer Verlag GmbH, Bietigheim 2000
Alle Rechte vorbehalten
Umschlaggestaltung: Bruno Haag, Stuttgart
Druck: Chr. Scheufele, Stuttgart
ISBN 3 89808 005 6

*

Zwölfmal schlägt die Uhr um Mitternacht. »Prosit Neujahr«, rufen die Menschen sich zu. Sie stoßen miteinander an oder versinken für einige Augenblicke in Schweigen, bevor das neue Jahr seinen Lauf beginnt. Auch Uta und Chris lassen ihre Gläser klingen und malen sich aus, was ihnen das bevorstehende Jahr bringen könnte.

»Was hast du dir gewünscht?«, fragt Chris.

»Das Gleiche wie immer seit sechs Jahren«, antwortet Uta und zwinkert Chris verschmitzt zu. »Und du?«

»Dass beruflich alles so weiterläuft wie bislang«, gibt er zu und zieht Uta mit sich fort: »Komm, lass uns tanzen. Das ist in jedem Fall ein guter Start.«

Schon fünf Tage später stellt sich heraus, dass Chris' Wunsch nicht in Erfüllung geht. Seine Firma versetzt ihn nach Mexiko.

Nie zuvor hatten Uta und Chris von der Ferne geträumt. Und nun Mexiko. Allein der Name machte sie neugierig, versprach Abenteuer. Die exotische Umgebung, die fremdartigen Menschen, die unbekannte Sprache lockten, und die Spannung, ob es gelingen würde, in diesem Land heimisch zu werden, war eine Herausforderung.

Dann kam das erste Weihnachtsfest. Uta und Chris verlebten es bei tropischer Wärme am Meer. Für Uta brachte es ein Erlebnis, dem sie zunächst kaum Bedeutung beimaß, das ihr jedoch unvergesslich wurde.

Sie läuft allein am Strand entlang, dort wo das Wasser am Land ausrollt. Sie beobachtet die Taschenkrebse, die über den nassen Sand huschen und in den Sandlöchern verschwinden. Die entgegenkommende Zigeunerin bemerkt sie nicht. Und diese lässt es geschehen, dass Uta in sie hineinstolpert. Bevor sie recht begreift, nimmt die Fremde ihre Hände, dreht die Handflächen nach oben und überschüttet sie mit einem Wortschwall.

»Weihnachten, Señora, für nur ein paar Pesos lese ich Ihnen die Zukunft aus der Hand.«

Uta fühlt sich übermütig, sie nickt. Aus tiefschwarzen Augen funkelt die Zigeunerin sie an, mustert sie einen Moment lang, dann senkt sie den Blick auf die Hände. Die Wellen umspülen Utas Füße, während sie ungeduldig auf die Vorhersage wartet. Endlich legt die Zigeunerin Utas Handflächen gegeneinander.

»Ich sehe viel Gutes«, sagt sie beschwörend, »Gesundheit, viele Reisen, einen tüchtigen Mann. Das Glück, das große Glück ist ganz nah.«

»Kinder?«, fragt Uta.

Die Unterbrechung irritiert die Frau, sie schweigt, öffnet erneut die wie zum Gebet zusammengelegten Hände und sprudelt Satzbrocken hervor, von denen Uta nur versteht: »Glückliche Frau, sehr glücklich.« Dann geht die Fremde davon, läuft unbekümmert am Strand entlang, ohne darauf zu achten, dass das salzige Wasser den Saum ihres geblümten Rockes berührt.

»Glückliche Frau«, wiederholt Uta und schaut der Zigeunerin nach, bis die Blumen auf ihrem Gewand zu bunten Tupfen werden, ineinander verschwimmen und sich letztlich in den Traum verwandeln, endlich ein Kind zu bekommen.

Zu Ostern war für Chris und Uta der erste Heimaturlaub fällig. Nach zehn Monaten in Mexiko freuten sie sich auf ein Wiedersehen mit der Familie, den Freunden und der alt vertrauten Umgebung. Sie genossen die Stunden und Tage. Die Wochen flogen an ihnen vorbei. Als es wieder hieß: »Die Maschine nach Mexiko ist zum Einsteigen bereit«, kam es ihnen vor, als seien kaum ein paar Stunden vergangen, seit sie in Köln gelandet waren.

Utas Gedanken jedoch blieben zurück bei dem gestrigen Tag, der alle anderen, die fröhlichen und aufregenden Erlebnisse, in den Schatten gestellt hatte.

Für den letzten Tag hatte sie den Besuch in der Universitätsklinik bei Frau Dr. Wegener vorgesehen, die schon vor geraumer Zeit eine Sterilitätsbehandlung bei ihr begonnen hatte. In ihrem Sprechzimmer saß an diesem Nachmittag jedoch ein anderer Arzt. Er las in Utas Akte, auf der in großer Schrift das Wort Sterilität stand. Dieses Wort sprang Uta wie eine Beleidigung entgegen und kam ihr wie der Verrat eines Geheimnisses vor.

»Ich komme nicht wegen der Sterilität, sondern wegen einer Routineuntersuchung. Kinder will ich gar keine haben«, stieß sie hervor.

Der Arzt beachtete Utas Ausbruch nicht. Er untersuchte sie und meinte abschließend:

»Sie sind völlig gesund. Ich wüsste nicht, weshalb Sie kein Kind haben sollten. Auch wenn Sie es vorhin abgestritten haben, Sie wünschen sich nichts sehnlicher als ein Kind.«

Es kam Uta vor, als habe der Arzt ihr etwas Hoffnungsvolles gesagt. Deshalb forderte sie eine Erklärung heraus mit den Worten:

»Aber Sie haben es doch in meiner Akte gelesen. Ich werde nicht schwanger.«

»Ich habe nichts von ›schwanger werden‹ gesagt, sondern ›ein Kind haben‹. Warum adoptieren Sie nicht?«

»Das will mein Mann nicht«, erwiderte Uta und erinnerte sich deutlich an das von ihr zaghaft begonnene Gespräch über Adoption, das Chris mit der Bemerkung beendete hatte: »Entweder eigene Kinder oder keine. Ich ziehe doch nicht anderer Leute Bälger groß.« Dagegen hatte sie nichts einzuwenden gewagt.

»Ist Ihre Ehe glücklich?«, wollte der Arzt wissen.

Uta bejahte.

»Dann schieben sie Ihren Mann nur vor, weil Sie sich selber nicht sicher sind. Ein Kind zu adoptieren, ist eine lebenslange, schwerwiegende Aufgabe, die wohl durchdacht werden will. Fragen Sie sich, ob Sie die nötige Kraft für Kinder haben. Ob Sie so viel Liebe aufbringen, dass diese wachsen und Belastungen standhalten kann. Und keiner wird Ihnen diese Entscheidung abnehmen. Überlegen Sie, wie frei und ungebunden Sie ohne Kinder sind. Kinder zu haben, bedeutet viele Opfer zu bringen.«

Der Arzt hatte ruhig, aber eindringlich gesprochen, und Uta prägte sich jedes Wort ein.

»Aber mein Mann . . .«, setzte sie noch einmal an.

»Wenn Ihre Ehe wirklich gut ist und Ihr Mann spürt, dass Sie sich Ihrer Entscheidung ganz sicher sind, wird er Ihnen beipflichten. Glauben Sie mir. Versuchen Sie es. Aber laufen Sie jetzt nicht zu ihm und verkünden Sie: ›Der Doktor hat gesagt.‹ Kommen Sie mit sich selbst ins Reine, gehen Sie die Entscheidung Punkt für Punkt durch, die negativen wie die positiven Seiten. Und dann sprechen Sie mit Ihrem Mann.«

Uta verließ wie in Wolken eingehüllt die Klinik. Sie lief durch die Straßen, ohne die Menschen zu sehen. Sie feierte mit Chris und den Freunden am Abend Abschied, aber sie war mit ihren Gedanken nicht dabei.

Auch während des langen Fluges über den Atlantik erwog sie in ihrem Kopf die Frage von allen Seiten: ›Will ich wirklich ein Kind? Kann ich einem Kind eine gute Mutter sein?‹ Sie war so versunken, dass Chris sie von Zeit zu Zeit ansah und verwundert fragte:

»Was ist mit dir? Du bist so ungewöhnlich schweigsam?«

»Ich sage es dir später.« Uta lächelte geheimnisvoll und versank erneut in ihren Träumen. So gut sie es konnte, malte sie sich die Licht- und Schattenseiten mit einem Adoptivkind aus. Sie fand nichts, was ihren Wunsch nach einem Kind, auch nach einem nicht leiblichen, beeinträchtigen konnte. Utas Entscheidung fiel während des Fluges.

Noch traute sie sich nicht, Chris um seine Meinung zu fragen. Der Prognose des Arztes, sie müsse ihn nur ihre Entschlossenheit spüren lassen, vertraute sie nicht recht. Zwei weitere Tage hielt Uta ihren Entschluss geheim.

Dann wartete sie nur noch auf den geeigneten Moment. Die beiden saßen behaglich im Garten. Chris las die Zeitung. Uta schaukelte sanft in der Hängematte. Ihr Blick wanderte durch das Blattwerk über ihr, dann platzte sie ohne Vorrede heraus:

»Chris, lass uns ein Kind adoptieren.«

Uta ist, als bleibe die Zeit stehen. Sie hält den Atem an, aber schon weiß sie, was Chris antworten wird. Drei-, viermal schwingt die Hängematte hin und her, bis Chris sich gefasst hat.

»Warum nicht?«, meint er und gibt der Hängematte einen kräftigen Schubs mit den Füßen. »Warum nicht?«

Uta schaut zu Chris hin, aber sein Gesicht ist verschlossen. Er muss erst verkraften, was sie sich in vielen Stunden hat vor Augen führen können.

»Warum nicht« hatte zögerlich geklungen. Aber Chris gewöhnte sich an den Gedanken, vielleicht bald ein Kind zu adoptieren. Und er kam immer wieder auf das Thema zu sprechen.

Jetzt waren sie werdende Eltern. Uta breitete vor Chris all das aus, was ihr in den vergangenen Tagen durch den Kopf gegangen war. Bei langen Spaziergängen tasteten sie sich gemeinsam an den Gedanken heran, ein Kind zu bekommen, ihr Kind zu bekommen. Es waren Spaziergänge mit langen Pausen, mit lebhaften Diskussionen, die immer wieder mit den Worten endeten, wie es sein wird, wenn . . .

Und es waren Spaziergänge mit vielen Fragen: Wie stellen wir es an? An wen wenden wir uns? Hin und wieder schlich sich die bange Frage ein: Schaffen wir es? Werden wir das Kind wirklich uneingeschränkt lieben, auch wenn es Probleme gibt? Wird das Kind uns als Eltern lieben, wenn ihm bewusst wird, dass wir nicht die leiblichen Eltern sind? Über alles haben Chris und Uta gesprochen. Unberührt jedoch blieb:

»Warum, Chris, hast du sofort zugestimmt?« Uta wagte es nicht, ihn zu fragen.

Was immer Uta in den kommenden Wochen tat, stets schimmerte die Sehnsucht nach dem Kind durch. In diese Zeit fiel ein Erlebnis, das allen Überlegungen ein neues Gesicht gab. Uta liebte es, über Land zu fahren und entlegene Indiomärkte zu besuchen. Ein Indiomarkt war für sie wie ein farbenprächtiges Bild, gewürzt mit unendlich vielen undefinierbaren, exotischen Gerüchen, Geräuschen und Eindrücken, in denen geschäftiges Treiben sich mit der naturgegebenen Gelassenheit der Indios mischten. Uta kaufte wenig und staunte viel. Sie forschte in den dunkelhäutigen Gesichtern, versuchte ihren Gesichtsausdruck zu deuten und deren Schicksal herauszulesen. Das aber gelingt einem Europäer nur selten. Gebannt beobachtete sie eine Indiofrau, die, auf dem Gehsteig hokkend, ein etwa zweijähriges Mädchen lauste. Erwischte sie eines der kleinen Ungeziefer, ließ sie es im Mund verschwinden. Vor ihr rutschte ein schmutziges Kleinkind über den Boden. In einem Karton neben ihr lag unter einer Decke aus Zeitungen ein Baby. Ungeniert schaute Uta in den Kasten, fuhr jedoch erschrocken zurück. Das Kind hatte blonde Haare. Uta schämte sich ihrer Neugier. Um ihre Dreistigkeit gutzumachen, gab sie der Frau zu verstehen, dass sie das Kind niedlich fände und strich dem

11

Kleinen liebevoll über den Bauch. Diese Geste erboste die Mutter, sie griff nach dem Kind, hielt es Uta entgegen und fauchte:

»Da, nehmen Sie es doch, wenn es Ihnen gefällt.« Bald beruhigte sie sich, strich über das blonde Haar und verzog das Gesicht zu einem Grinsen, das besagte: ›Sein Vater ist einer der Ihren.‹

Uta hätte das Kind gerne genommen. Der Verstand riet ihr: ›Diese Mutter meint es nicht so.‹ Doch der Gedanke an ein indianisches Kind ließ sie nicht los. Er verwirrte sie.

Als sie Chris davon erzählte, meinte er:

»Ein Glück, dass du dich nicht vom Gefühl hast leiten lassen. Wir wären womöglich wegen Kindesentführung angeklagt worden.«

Nach diesem Erlebnis stand die Frage im Raum: Ein weißes Kind oder ein Indiokind? Zum ersten Mal spürten Chris und Uta, dass mit der Adoption mehr auf sie zukommen würde, als nur ein Kind zu bekommen.Um Ordnung in ihre oft durcheinander wirbelnden Gedanken zu bringen und alle Überlegungen für später festzuhalten, legte Uta sich ein Tagebuch zu.

Liebes Tagebuch, schrieb sie auf die erste Seite, als spräche sie zu einer vertrauten Person, *alles, was mich erfreut, quält und bewegt, vertraue ich dir an. Verwahre es sicher und hilf mir, aus dem Wust meiner Gedanken den richtigen Faden herauszuziehen.*

Bald werden wir ein Kind haben. Wann? Wie wird es aussehen? Wo kommt es her? Werde ich ihm eine gute Mutter sein? Werde ich auch dann noch einem adoptierten Kind eine gute Mutter sein, wenn ich womöglich selber eines zur Welt bringe? Auch dann, wenn dieses adoptierte Kind mich enttäuscht? Wenn es sich vielleicht eines Tages von mir abwendet? Stellen schwangere Frauen sich nicht auch bange Fragen? Ich denke schon. Nur müssen sie sich nicht die Frage stellen: Für welches Kind entscheide ich mich? Darf es ein Kind einer anderen Rasse sein? Kind ist Kind. Ich will doch nicht mehr, als einem kleinen Wesen die Mutter sein und ihm beim Start ins Leben helfen. Ich kann nicht glauben, dass ich ein farbiges Kind weniger liebe als ein weißes. Außerdem könnte ich einem elternlosen Findelkind, von denen es mehr als genug in den hiesigen Waisenhäusern gibt, zu einem leichteren, vielleicht sogar glücklicheren Leben verhelfen. Aber wie wird ein Indiokind sich bei uns fühlen, wenn ihm ständig sein Anderssein vor Augen geführt wird? Was ist, wenn wir noch ein weißes Kind adoptieren? Was ist, wenn wir in ein Land versetzt werden, wo Rassendiskriminierung groß geschrieben wird? Viele warnen: Du tust dem Kind keinen Gefallen, es in ein anderes Milieu zu verpflanzen, ihm Eltern und Geschwister einer anderen Rasse zu geben. Je mehr ich darüber nachdenke, umso verwirrter, umso unsicherer werde ich, schrieb Uta. Sie machte eine lange Pause, überlas und beendete den Eintrag mit den Worten: *Adoption bedeutet nicht, wir bekommen ein Kind, sondern wir entscheiden, wann uns welches Kind genehm ist. Dieser Gedanke macht mir das Herz schwer.*

13

»Eine Adoption ist ohne Konflikt nicht denkbar. Halten wir ihn so gering wie möglich, indem wir uns für ein Kind aus unserem Kulturkreis entscheiden«, lautete Chris' Meinung.

Damit war beschlossen, es in Deutschland zu probieren. Die Hochzeit von Utas Bruder bot einen willkommenen Anlass, nach Deutschland zu reisen.

›Was werden die Eltern sagen, wenn sie bald schon einen Enkel, einen Adoptivenkel bekommen?‹, fragte Uta sich viele Male. Über die Antwort war sie sich nicht sicher. Sicher allerdings war sie sich, dass ein Nein ihrer Eltern für sie enttäuschend wäre, aber in keiner Weise ihre Entscheidung beeinflussen würde. Sie hielt nicht lange mit ihrer Neuigkeit hinter dem Berg.

»Mutter, wir werden ein Kind adoptieren«, verkündete sie. Die Antwort kam spontan:

»Endlich seid ihr draufgekommen.«

*

Mona erwachte aus einem sonderbaren Traum. Sie sah sich an einem Meeresstrand tanzend und hüpfend wie ein ausgelassenes Kind. Ihr langer, blumiger Rock berührte die Wasseroberfläche. Das Wasser umspülte ihre Füße, der Wind bewegte ihren weiten Rock, er blähte ihn, ließ ihn zusammensinken. Ihr Körper war federleicht, er wurde in die Luft gehoben und davongetragen. Mona ließ hinter sich, was sie beschwerte. Sie schaute auf das Wasser hinab, auf die Menschen. Sie winkte ihnen zu, als wollte sie sich verabschieden.

»René«, murmelte Mona und tastete mit der Hand über das Bett. Der Platz neben ihr war leer.

Sie stand auf und bereitete sich ihr Frühstück. Renés unbenutzte Tasse räumte sie weg. Sie war enttäuscht, dass er sich davongeschlichen hatte. ›Was hatte er geantwortet, als sie ihm vorgeschlagen hatte, ständig bei ihr zu bleiben?‹ Angestrengt dachte sie nach. ›Gar nichts hatte er geantwortet. Geküsst hatte er sie. War das Anwort genug?‹ In Gedanken versunken rührte Mona in ihrem Kaffee.

»Nie würde ich einem Mann zeigen, dass ich ihn haben will«, hatte sie einmal verachtend zu ihrer Schwester Julia gesagt. Mona musste lächeln. Hatte sie René nicht mehr als deutlich zu verstehen gegeben, dass sie ihn haben wollte, ganz für sich alleine? Übermütig schüttelte sie den Kopf. Ihre Gedanken flogen zu ihren Eltern. ›Wie würden sie es aufnehmen, wenn sie mich mit René sehen könnten?‹

Mona konnte sich an diesem Morgen nicht auf ihre Arbeit konzentrieren. Ziellos schaute sie in die Ferne, hinaus in den sonnigen Novembertag. Nervös spielte sie mit den Fingern. Ihre Gedanken kreisten um die Fragen: ›Was wird, wenn ich schwanger bin? Soll ich es René sagen? Wie wird er darauf reagieren? Lässt er sich überhaupt binden? Wünsche ich es mir?‹

In der Mittagspause geht Mona hinüber in die Apotheke. Ihre Stimme zittert, als sie sagt:

»Ich möchte den Labortest für Mona Silicio abholen.«

Zögernd greift sie nach dem Umschlag, dreht ihn in den

15

Händen. Sie traut sich nicht, ihn zu öffnen. Langsam verlässt sie die Apotheke. In dem gegenüberliegenden Park sucht sie sich eine sonnig gelegene Bank. Sie schlitzt den Umschlag auf, liest, was da geschrieben steht: *Schwangerschaft positiv.*

Mona zerknüllt das Papier. Sie schlingt die Arme um den Oberkörper. So sitzt sie ganz still. Der quälende Zweifel ist beseitigt. Leben wächst in ihrem Leib, Leben von René. Tief und tiefer lässt Mona diesen Gedanken in sich einsinken. Ein Kind, ein Kind der Liebe. Eine Welle der Freude durchströmt sie. Sie sieht es vor sich: ein rosiges kleines Wesen mit großen, dunklen Augen, dichten Locken, einem kleinen Stupsnäschen und einem weichen Mund. ›Mein Kind, mir ganz allein wird es gehören.‹ Mona lässt sich von der Glückswelle emportragen, bis diese überkippt und sie in die Tiefe hinabreißt. ›Was werden die Eltern sagen? Wie soll ich das Kind versorgen? Wo wird es geboren? Wer hilft mir auf dem Weg bis zur Geburt?‹ Die Gedanken überstürzen sich, spülen sie mit sich fort. Mona löst die im Schoß verkrampften Hände. ›Mein Gott, wem kann ich mich anvertrauen? Soll ich womöglich? Nein, dieses aufkeimende Leben zu vernichten, kommt nicht in Frage. Und was, wenn es behindert zur Welt kommt?‹ Mona schämt sich ihrer Gedanken, drängt sie zurück. ›Ich muss mich der neuen Situation stellen. Ich muss sie alleine meistern.‹ Sie schaut sich um, als hoffe sie, jemanden zu finden, der fragt: »Wie geht es dir? Was quält dich?«

Sie spürt nicht die Tränen, die über ihre Wangen laufen. Da trifft sie ein sanfter Schlag. Ein Ball, ein kleiner, roter

Ball ist ihr in den Schoß gefallen. Mona umfasst das Spielzeug. Ein Mädchen kommt angelaufen.

»Mein Ball«, ruft es, »mein Ball.« Atemlos bleibt die Kleine vor Mona stehen und schaut sie an.

»Du weinst«, sagt sie und vergisst für einen Moment ihren Ball. »Tut dir was weh?«, fragt sie aufgeweckt. Als sie keine Antwort bekommt, deutet sie auf ihren Ball. »Gibst du ihn mir zurück?« Mona lächelt und wirft der Kleinen ihren Ball zu.

»Hier hast du ihn.«

Das Kind trollt sich. Und plötzlich ist für Mona die Umwelt wieder gegenwärtig. Sie wird sich der Menschen um sie herum bewusst. Der Alte mit der Pfeife und dem Spazierstock, die Frau mit dem Kinderwagen, die Oma im Selbstgespräch auf der Nebenbank.

»Jeder von ihnen hat sein Los zu tragen, mehr oder weniger schwer«, sagt Mona halblaut. Sie steht auf und wandert noch eine Weile durch den Park, bevor sie ins Büro zurückkehrt.

Jetzt, da aus der Vermutung Gewissheit geworden war, fühlte sie sich ruhiger und in der Lage, sich ihrer Arbeit zuzuwenden. Rasch und konzentriert beendete Mona eine komplizierte Übersetzung, bis ein Anruf sie unterbrach. Es war René. Er klang aufgeregt.

»Mona, ich habe eine großartige Überraschung.«

Um ein Haar wäre es Mona herausgerutscht:

»Ich auch.« Stattdessen fragte sie: »Was ist es?«

»Das sage ich dir nachher. Dazu muss ich dir in die Augen schauen. Komm bald, Liebes.«

Mona konnte es kaum abwarten, ihre Arbeit zu beenden.

Leider wurde es später als sonst, bis sie nach Hause kam.

»Da bin ich«, rief sie schon von der Tür aus.

»Endlich«, René schwenkte ein Eisstück im leer getrunkenen Glas. »Ich bin vor Sehnsucht fast umgekommen.«

»Ich weiß, mein Schatz. Aber auch ich habe nicht zum Vergnügen im Büro gesessen. Nun aber heraus mit der Neuigkeit«, drängte Mona.

»Stell dir vor«, René machte eine Pause, »ich bin befördert worden. Ich werde Zweigstellenchef.«

Mona erstarrte.

»Eine eigene Zweigstelle? In Deutschland? In Europa? In Frankfurt womöglich?«

René schüttelte den Kopf.

»Nicht doch – in meiner Heimat.«

»In deiner Heimat«, flüsterte Mona, »in Kanada?«

René nickte.

»Willst du mir nicht gratulieren zum Karrieresprung?«

»Gratulieren? Aber natürlich. Herzlichen Glückwunsch.«

Monas Stimme war ganz leise geworden.

»Das klingt aber gar nicht gut«, neckte René. »Ich glaubte, du würdest dich freuen, für mich freuen.«

»Ich? Mich freuen?« Mona lachte auf. »Mich freuen, dass du mich verlässt? So ist es doch?«

»O ja, so ist es. Aber wir waren uns einig, dass sich unsere Wege eines Tages trennen würden. Außerdem sehen wir uns ja wieder. Die Welt ist klein.« René versuchte, Mona in die Arme zu ziehen. Sie wehrte ihn ab. »Ich werde oft nach Frankfurt kommen. Unverhofft stehe ich dann vor deiner Tür. Und zwei, drei Tage gehören uns ganz alleine.«

»Und du glaubst, ich warte Wochen und Monate auf dein unverhofftes Kommen?« Mona war, als wanke der Boden unter ihren Füßen. Sie ging in die Küche, schenkte sich ein Glas Wein ein und leerte es in einem Zug. »Und dass ich mit dir gehe, ist dir nicht in den Sinn gekommen?«, fragte sie, obwohl sie wusste, dass René nicht im Traum daran dachte.

»Aber Mona, sei vernünftig. Auch du bist gerade dabei, dir eine Karriere aufzubauen, hast die Chance, Abteilungsleiterin zu werden. So etwas setzt man doch nicht für eine Laune aufs Spiel.«

»Du hast Recht, für eine Laune setzt man so etwas nicht aufs Spiel. Außerdem war es nur Spaß«, sagte sie leichthin.

Der Winter verabschiedete sich. Die Tage wurden spürbar länger, die Sonne wärmte mit zunehmender Kraft, und die Menschen kleideten sich wieder farbenfroher.

Mona nahm ihren geliebten gelben Wollmantel aus dem Schrank und betrachtete sich dabei im Spiegel. Noch sah man ihr die Schwangerschaft nicht an. Und doch musste sie sich jetzt bald dazu bekennen. Gleich heute wollte sie um ein Gespräch mit ihrem Chef bitten. Der jedoch kam ihr zuvor. Auch er hatte mit Mona eine Neuigkeit zu besprechen. Dr. Reiders war mehr als ein ihr wohlgesinnter Chef, er begegnete ihr stets mit väterlicher Achtung.

»Setzen Sie sich«, forderte er sie auf, und Mona spürte seinen forschenden Blick. »Sie sind jetzt etwas mehr als ein Jahr bei uns«, begann er. »Sie wissen, dass wir überaus zufrieden mit Ihnen sind.« Dr. Reiders machte eine Pause, er lächelte, bevor er fortfuhr. »Heute kann ich es Ihnen ja sagen: Meine beiden Kollegen waren damals gar nicht dafür, einer Frau diesen Posten zu geben. Ihre Argumente waren nicht von der Hand zu weisen. Aber nicht nur Ihr Verhalten, auch Ihre Leistungen haben bewiesen, dass Sie einer Führungsposition gewachsen sind.« Wieder schwieg Reiders. Er griff nach einem Schriftstück und verkündete. »Für Sie wird Tatsache, was bei Ihrer Einstellung geplant war. Sie rücken ab 1. Juli auf den Posten von Dr. Peters nach.«

Reiders hatte eine freudige Reaktion erwartet, stattdessen wurde Mona kreidebleich, sie umklammerte die Tischkante und starrte vor sich hin.

»Was ist Mona? Fühlen Sie sich nicht wohl?« Dr. Reiders war aufgesprungen.

»Leider kann ich das Angebot nicht annehmen«, stammelte sie. »Ich bekomme ein Kind – um den 1. Juli herum.«

Reiders schwieg.

»War das geplant? Sie wussten doch, dass Sie für den Posten vorgesehen waren?«, fragte er streng. Mona hörte die Schärfe sehr wohl.

»Nein, es war nicht geplant, auch nicht gewollt.«

»Und wie denken Sie sich die Zukunft?«

»Ich werde auf die Karriere verzichten und mein Kind bekommen.«

»Auf die Karriere verzichten?«, wiederholte Reiders.

»Ja, verzichten«, bestätigte Mona.

Reiders legte eine Pause ein, als wagte er nicht auszusprechen, was ihm gerade einfiel.

»Haben Sie schon mal daran gedacht, das Kind wegzugeben?«

»Ja, das habe ich. Ich habe es gründlich erwogen, habe mich aber entschlossen, das Kind zu behalten. Machen Sie sich keine Gedanken, Dr. Reiders, ich beanspruche den Posten nicht. Ich bin froh, wenn ich auf meinem jetzigen Platz bleiben kann«, sagte Mona und erhob sich.

»Lassen wir vorerst alles beim Alten«, entschied Dr. Reiders, »aber es wäre schade, wenn Sie sich diese Gelegenheit entgehen ließen. Sie sind klug und talentiert. Überlegen Sie es sich noch einmal.«

Wie im Traum ging Mona in ihr Büro zurück.

»Die Entscheidung ist gefallen«, flüsterte sie und stützte den Kopf in die Hände. Der Traum von der Karriere war aus. Heimlich hatte sie gehofft, die Schwangerschaft hätte keinen Einfluss auf den Aufstieg. Jetzt war es wichtig, die nächsten Schritte zu planen. Entschlossen notierte sie:

1. Pflegeeltern oder Tageskrippe finden

2. René schreiben

3. die Eltern informieren . . .

Mona hielt inne. Hinter Punkt zwei schrieb sie in großen Buchstaben *NIE*. Und Punkt drei, mit den Eltern zu sprechen, kam ihr vor wie ein unbezwingbarer Berg. Sie wusste, es war sinnlos, bei ihnen auf Verständnis zu hoffen. Und doch wollte sie die winzigste Möglichkeit ausschöpfen.

»Es muss sein«, sagte sie laut und beschloss, am Wochenende unangemeldet nach Madrid zu fliegen.

21

Während sich das Taxi ihrem Elternhaus nähert, überlegt Mona, wem sie wohl als Erstem begegnen würde.

Aufgeregtes Hundegebell ist der erste Gruß. Prien, der alte Schäferhund, springt freudig am Gartenzaun empor.

»Prien, alter Junge, dich hatte ich ja fast vergessen«, ruft Mona, hockt sich neben den Hund und streicht ihm liebevoll über das Fell. Die feuchte Schnauze sucht Monas Hand und leckt sie, was heißen soll: Ich bin auch noch da. Für Mona ist dies das Zeichen: Hier bin ich zu Hause. Hier bin ich geborgen. Sie schaut zum Haus. Keiner hat sie bemerkt. Sie klingelt. Carmen, das alte Dienstmädchen, öffnet.

»Niñita«, entfährt ihr Monas Kosename aus der Kinderzeit, und sie berichtigt sich sogleich. »Señorita Mona«. Carmen streckt ihr beide Hände entgegen. »Das ist aber eine Überraschung!« Mona spürt die ehrliche Freude, und sie ist dem alten Dienstmädchen dankbar für diesen herzlichen Empfang. »Die Eltern sind in der Kirche«, erklärt Carmen, »heute ist der Todestag Ihrer Tante Amalie.« Mona nickt.

»Und Julia?«

»Ihre Schwester ist auf Klassenfahrt, eine Woche noch.«

»Schade«, sagt Mona, folgt Carmen in die Küche und schaut zu, wie sie den Tisch frei räumt.

»Möchten Sie eine Limonade oder einen Kaffee?«, fragt Carmen, ohne von Mona den Blick zu lassen, der ihr bis auf den Grund der Seele zu schauen scheint. Mona ist versucht, auf der Stelle ihre Sorge zu beichten, aber sie schüttelt den Kopf und sagt:

»Nein danke, im Augenblick nichts. Ich gehe den Eltern entgegen.« Eilig verlässt sie das Haus und läuft die Straße hinunter, bis sie die kleine Kirche sehen kann. Die Menschen verlassen gerade das Gotteshaus. Es sind nur wenige. Sie verteilen sich rasch. Dann erkennt Mona die Eltern. Plötzlich hat sie das Bedürfnis, sich noch nicht sehen zu lassen. Sie lehnt sich an einen Baum am Straßenrand und beobachtet die beiden ihr entgegenkommenden Menschen. Der Vater, groß und stattlich, im dunklen Anzug und mit Hut, strahlt selbst auf diese Entfernung die Autorität des Richters aus. Mona kann sich nicht erinnern, ihm je widersprochen oder einen seiner Befehle missachtet zu haben. Vater spricht wenig, aber seine Augen drücken mehr aus, als Worte es vermögen. Er blickt streng, aber nicht kalt. Gefühlsaufwallungen duldet er nicht. Und doch ist die Liebe zu seiner Familie offenkundig. Emilia, die Mutter, wirkt neben ihm klein, fast wie ein Kind. Die Mantilla trägt sie noch auf dem Kopf und hält die Spitzenenden mit den Händen umfasst. Jetzt sind die Eltern so nah, dass Mona ihre Gesichter sehen kann. Sie löst sich aus dem Schatten des Baumes und geht auf die beiden zu.

»Mona«, ruft die Mutter entzückt, lässt das Spitzentuch los und streckt der Tochter die Hände entgegen. »Mona, Kind, ist etwas passiert?«

»Nichts«, Mona lacht. Sie umarmt die Mutter, dann den Vater.

»Ich hatte Lust, euch zu besuchen, nur so«, sagt sie leichthin und hält dem prüfenden Blick des Vaters stand.

»Nur so?«, wiederholt er.

Mona beginnt zu erzählen, von ihrem Alltag, von ihrer Arbeit, belanglose Kleinigkeiten.

»Und wie lange kannst du bleiben?«, fragt die Mutter.

»Übermorgen muss ich zurück. Montag ist Arbeitstag.«

Schweigend betreten die Eltern mit der Tochter das Haus. Der Vater lässt ihr mit einer höflichen Geste den Vortritt und verschwindet dann – wie gewohnt – in seinem Arbeitszimmer. Mona vermisst das sonst so behagliche Gefühl, zu Hause zu sein. Wie ein Gast geht sie mit der Mutter ins Wohnzimmer.

»Erzähl mir von dir«, fordert die Mutter sie auf.

»Ich . . .« Mona bricht ab. »Ich bin sehr gerne in Frankfurt«, setzt sie erneut an, dabei hätte sie am liebsten geschrieen. »Ich bekomme ein Kind. Mutter, hilf mir!« Sie spielt mit den Fransen ihres Seidenschals und weiß, dieser Hilferuf wird nicht über ihre Lippen kommen.

Mona schaut sich in dem Wohnraum um, als suche sie nach einem vertrauten Punkt. Sie hört die Mutter von Julia erzählen.

»Mit ihren 17 Jahren ist sie jetzt doch recht schwierig, sie ist bockig und sagt mir oft nicht, wohin sie geht. Vater darf das gar nicht wissen«, die Mutter seufzt. Mona nutzt diese Pause und fragt: »Was macht Tante Dorothea?«

Emilia schaut irritiert auf.

»Tante Dorothea wird immer verrückter. Sie benimmt sich weiß Gott nicht, wie es sich für eine Witwe ziemt. Sie tut, was ihr gefällt. Wäre Dorothea nicht meine Schwester, Vater würde mir den Umgang mit ihr verbieten.«

»Würdest du dich einem solchen Verbot beugen?«

»Aber ja doch. Er ist mein Mann«, entrüstet sich Emilia und schaut ihre Tochter verwundert an.

»Mein Herr«, möchte Mona hinzusetzen. Sie verspürt Lust, die Mutter zu brüskieren und fragt ohne Übergang: »Wenn eine deiner Töchter ein uneheliches Kind bekäme? Auf wessen Seite würdest du dich stellen?«

»So etwas passiert nicht. So etwas darf nicht passieren«, empört sich Emilia, »nicht in unserer Familie. Wie kommst du nur auf so ausgefallene, absurde Gedanken?« Mona schlingt einen Knoten in das Schalende und zieht ihn fest.

»Und was gibt es sonst Neues?«, fragt sie mit veränderter Stimme. Die Tür in ihrem Herzen ist zugefallen. Sie steht allein mit ihrer Sorge, ihrem Zwiespalt. In ihr brennt der Wunsch, sich für ihr Kind zu entscheiden. ›Es wächst unaufhaltsam, es ist da, ich bin für dieses Wesen verantwortlich, nur ich.‹ So versucht sie, die Stimme der Vernunft zu übertönen und sehnt sich nach jemandem, der ihr sagt: »Pack es an! Ich helfe dir.«

Ihre Freundin Karola war Monas letzte Hoffnung. Allein die Aussicht, mit jemandem offen sprechen und ihr Herz so richtig ausschütten zu können, richtete sie wieder ein wenig auf. So beschloss sie, am nächsten Wochenende nach München zu fahren. Karola empfing sie auf die ihr eigene herzliche Art. Sie machte es Mona leicht, ohne Umwege auf ihr Problem zu kommen. Ausführlich schilderte Mona ihr Verhältnis zu René und legte ihr Für und Wider, das Kind betreffend, dar. Karola hörte aufmerksam zu. Sie überlegte lange, bevor sie ihre Meinung äußerte.

»Soweit ich herausgehört habe, gehört René der Vergangenheit an. Es besteht keine innere Bindung mehr zu ihm«, fasste sie zusammen. »Es ist also nicht so, dass das Kind dir den Verlust von René ersetzen muss.« Mona nickte. »Damit ist die emotionale Seite der Frage beleuchtet. Vom praktischen Standpunkt aus gesehen stellt das Kind für dich und dein Leben zweifellos eine Belastung dar. Dagegen erhebt sich die Frage, wie stark ist deine Bindung an dieses ungeborene Kind schon jetzt?«

»Wenn ich ehrlich bin, ich schwanke. Ich fühle mich wie in einem Schraubstock: auf der einen Seite der Druck, meine Eltern zu verlieren, was ich nur sehr schwer verkraften kann, auf der anderen, meine Karriere opfern zu müssen, die ich mir so sehr gewünscht habe, die mir, ich muss es gestehen, viel bedeutet. Und mitten drin das Gefühl, für dieses kleine Wesen verantwortlich zu sein. Auch dieses Empfinden dem Kind gegenüber besteht aus zwei Seiten. Einmal sage ich mir, ich kenne es doch gar nicht. Wenn ich es nie sehe, entwickle ich kein echtes Gefühl. Ich kann es mir dann nicht einmal ins Gedächtnis rufen. Andererseits tut es mir Leid. Es hat doch nur mich. Es ist ein Stück von mir. Wer sonst soll es lieben? Wer soll ihm eine Mutter sein?«

»Eine Adoptivmutter.«

»Eine Adoptivmutter – glaubst du, sie kann es wirklich lieb haben, so richtig lieb wie eben eine Mutter?«

»Ich denke schon. Sie sehnt sich nach einem Kind. Sie wünscht sich, Mutter zu sein. Biologische Mutter wird man auf natürliche Weise, aber die Liebe zum Kind muss erst wachsen. Wieso sonst könnte eine Mutter ihr Kind misshandeln, es schlagen, es aussetzen, wenn Mutterliebe mit der Geburt käme?«

»Das leuchtet ein«, überlegte Mona.

»Und du glaubst, ich kann Beruf und Kind nicht vereinen?«, versuchte es Mona noch einmal.

»Doch, es geht. Andere können es auch. Aber bedenke, dass du dein Elternhaus verlierst. Du stehst dann sehr einsam da. Hast du so viel Kraft?«

Karola und Mona schwiegen, sie schwiegen lange. Bis Karola vorschlug:

»Überstürze die Entscheidung nicht. Überlege sie dir gut. Schlafe noch einmal darüber, vielleicht schenkt der Traum dir die Lösung.«

Mona brauchte lange, bevor ihr die Müdigkeit Entspannung schenkte, sie sich fallen und sich dem Traum überlassen konnte, dem Traum, den sie schon mehrfach geträumt hat.

Sie tanzt in ihrem blumigen Rock am Strand entlang, bis sie sich in die Lüfte erhebt, getragen von weit aufgeblühten, bunten Blumen. Eine Entscheidung haben die Bilder ihr nicht geschenkt, wohl aber die Erkenntnis:

»Nur ich allein kann wissen, was richtig ist.«

Am 1. Juni verabschiedete sich Mona von ihren Kollegen, sagte Dr. Reiders adios und klopfte zum Schluss bei Dr. Peters an.

»Ich möchte mich von Ihnen verabschieden, Herr Dr. Peters«, sagte Mona. »Wenn ich wiederkomme, sind Sie im Ruhestand.«

»Nein, ich bleibe, bis Sie zurück sind und meinen Sessel hier übernehmen. Nicht nur deshalb wünsche ich Ihnen, dass das Baby recht bald kommt, ohne Komplikationen, und dass Ihr Kind gute Adoptiveltern findet.« Dr. Peters hatte freundlich sein wollen, aber Mona tat es weh, wie selbstverständlich andere über das weitere Schicksal ihres Kindes sprachen.

Sie packte ihren Koffer und fuhr noch am selben Tag nach München, um bei Karola die letzten Wochen ihrer Schwangerschaft zu verbringen. Die Freundin war die einzige, bei der Mona sich beschützt und geliebt fühlte.
»Was hast du mir bei deiner Ankunft versprochen, Mona?«, fragt Karola mit gespieltem Ernst. »Keine zehn Tage sollten verstreichen, bis du zum Jugendamt gehst. Nun, heute ist der zehnte Tag.«
»Ich bin schon zehn Tage bei dir?« Mona tut überrascht, obwohl sie sehr wohl um jeden Tag weiß, der verstrichen ist. »Du hast Recht, Karola, einmal muss es sein. Womöglich drängt es den kleinen Stromer schon vorzeitig auf diese Welt. Dann weiß ich nicht, wohin mit ihm.«
Karolas Angebot, sie zum Jugendamt zu begleiten, lehnt Mona ab. Während sie den Weg zu Fuß zurücklegt, lässt sie sich zum hundertsten Mal alles durch den Kopf gehen. Das Amtsgebäude wirkt beklemmend auf sie. Mona spürt die Hektik, sieht die Menschen durch die Gänge hasten oder sich zögernd ihren Weg suchen. Sie fragt sich nach Zimmer 307 durch. Dort sitzt sie dann in dem düsteren Flur auf einer Bank und wartet darauf, aufgerufen zu werden. Alles um sie her erscheint ihr traurig, unper-

sönlich, eben amtlich. Erneut wird ihr das Herz schwer. Der Wunsch, das Kind zu behalten, es vor dieser kalten Welt zu beschützen, wird drängender als je zuvor. Mona steht auf, sie geht ein paar Schritte auf und ab. Dabei spürt sie ihr Kind. Kräftig stößt es an die Bauchdecke. Mona legt die Hand darüber.

»Sei still«, flüstert sie und freut sich zugleich über das Zeichen. Sollte das heißen: Geh, ehe es zu spät ist! »Geh, ehe es zu spät ist«, wiederholt Mona, »lauf!« Sie macht kehrt, läuft den Gang entlang. Da öffnet sich die Tür von Zimmer 307.

»Die Nächste, bitte!«

Wie schlafwandelnd geht Mona auf die Frau im bunt geblümten Kleid zu. Vor ihren Augen tanzen rote, gelbe, schwarze Blumen, Blumen, aus denen Mona sich im Traum befreit hat.

»Bauer ist mein Name«, stellt die Frau sich vor und bittet Mona, Platz zu nehmen.

Zögernd setzt sie sich, schiebt die Füße hinter die Stuhlbeine und verschränkt die Finger im Schoß.

»Was kann ich für Sie tun?«, fragt Frau Bauer und zupft am Kragen ihres Kleides.

»Ich möchte mein Kind zur Adoption anmelden.« Mona ist, als höre sie eine Person sprechen, die hinter ihr steht. Frau Bauer notiert die Personalien. Bei jeder Frage ruht ihr Blick lange und forschend auf Monas Gesicht. Finanzielle Motive sind nicht ausschlaggebend, registriert sie.

»Was sind Sie von Beruf?«

Überraschend lebhaft schildert Mona ihre Aufgaben als Übersetzerin, die Freude, die ihr die Arbeit macht, und dass sie bereits aufsteigen kann. Sie stammt aus einem kultivierten Elternhaus, notiert Frau Bauer und fragt nach Monas Nationalität.

»Was sagt Ihre Familie zu dem Kind?«

Mona schweigt. Sie sucht nach der richtigen Erklärung.

»Sie würden es als Makel empfinden. Mit dem Kind dürfte ich nicht nach Hause kommen. Deshalb . . .« Mona zuckt mit den Schultern, sie kann nicht weitersprechen.

»Deshalb wollen Sie das Kind zur Adoption anmelden? Haben Sie sich diesen Entschluss gründlich überlegt?«

Mona nickt.

»Das habe ich.«

»Sie sehen keine Möglichkeit, das Kind zu behalten?«

»Nein, keine.«

Frau Bauer weiß, dass sie die junge Frau über Gebühr quält. Aber sie weiß auch, dass es nicht ihr freier Wille ist, das Kind wegzugeben. Deshalb bohrt sie weiter.

»Sie sind sich schon bewusst, dass ein Kind immer am besten bei der leiblichen Mutter aufgehoben ist.«

»Das mag sein. Aber bitte, glauben Sie mir. Ich habe es mir gründlich überlegt. Ich halte die Adoption für den besten Weg.«

»Auch besser als eine Pflegefamilie?«

»Ich will mein Kind entweder ganz oder gar nicht. Mein Beruf ist sehr zeitaufwendig. Er ist mir wichtig«, setzt sie matt hinzu.

»Und was sagt der Kindsvater dazu?«

»Nichts. Er weiß nichts von der Existenz seines Kindes. Er ist verheiratet und soll es auch nicht erfahren. Es ist so schon alles kompliziert genug.« Mona kann die Tränen nicht mehr zurückhalten.

Frau Bauer fühlt sich unbehaglich. Sie möchte aufstehen, die Arme um die junge Frau legen und ihr sagen: »Gehen Sie nach Hause und warten Sie auf ihr Kind. Dann wird alles gut werden.«

Aber Frau Bauer ist in erster Linie dafür da, das zu tun, was die Menschen von ihr erbitten.

»Haben Sie besondere Wünsche an die Adoptiveltern?«

»Lieb sollen sie zu meinem Kind sein«, bittet Mona mit zittriger Stimme.

Frau Bauer macht weitere Notizen und erklärt Mona den administrativen Ablauf.

»Melden Sie sich spätestens, wenn das Kind geboren ist, sofern Sie es sich nicht doch noch anders überlegt haben, denn eine Adoption ist unwiderruflich«, setzt sie hinzu.

Mona hört kaum hin. Sie nickt abwesend und verabschiedet sich. An der Tür dreht sie sich noch einmal um.

»Es wäre schön, wenn das Kind Geschwister bekommen würde.«

»Seien Sie beruhigt, ich gebe mir alle Mühe, die richtigen Eltern für Ihr Kind auszusuchen«, tröstet Frau Bauer beim Abschied.

»Rote, gelbe, schwarze Blumen«, murmelt Mona, »es ist vollbracht, wovor ich mich so sehr gefürchtet habe.«

Mona hatte die Frau, die ihr beim Verlassen des Amtes die Tür aufhielt, nicht beachtet. Und Uta war so aufgeregt, dass sie kaum merkte, was um sie herum vorging. Mit diesem Besuch beim Jugendamt tat sie den ersten

Schritt, die Adoption einzuleiten. Die Sachbearbeiterin hatte Uta am Telefon zwar keine Hoffnung gemacht. Zu einem Gespräch wollte sie sich aber gerne zur Verfügung stellen.

»Diese bunten Blumen – wo habe ich die schon einmal gesehen?«, überlegt Uta, als sie Frau Bauer begrüßt, aber es will ihr nicht einfallen. Noch mit den bunten Blumen beschäftigt, beantwortet sie Frau Bauers Fragen. Ihren forschenden Blick bemerkt sie nicht.

»Dieser Karteikasten ist voll adoptionswilliger Ehepaare«, sagt Frau Bauer und steckt die Karte von Uta vorne an.

»Jetzt weiß ich's«, entfährt es Uta, »die Zigeunerin. Oh, entschuldigen Sie«, setzt sie rasch hinzu. »Mir ist gerade etwas durch den Kopf geschossen.«

Frau Bauer übergeht diesen Einwurf und bittet:

»Erzählen Sie ein wenig von sich, von Ihrem Mann, von Ihrem Leben.«

Uta berichtet von Mexiko. Sie schildert Chris als besonnenen und aktiven Mann und lässt ihrer beider Wunsch nach einem oder besser noch mehreren Kindern freien Lauf.

»Als wir vor sieben Jahren geheiratet haben, war für uns eine Ehe ohne Kinder unvorstellbar. Und das ist auch heute noch so.«

Frau Bauer sagt nichts. In Gedanken versunken macht sie Notizen.

»Ich habe den Eindruck, Sie sind ein Glückskind«, sagt sie endlich und lächelt. »Vorhin hat eine Frau hier gesessen, die Ihnen in der Art verblüffend ähnlich ist, lebhaft und doch zurückhaltend. Auch im Aussehen passen Sie zueinander. Ich könnte mir Sie als geeignete Mutter für dieses Kind vorstellen. Diese junge Frau beabsichtigt, ihr Kind zur Adoption zu geben. Es fällt ihr allerdings schwer. Und es kann immer noch geschehen, dass sie es sich anders überlegt, wenn das Kind auf der Welt ist.«

»Ist das wahr?« Uta springt auf. »Wann wird das Kind geboren?«, fragt sie atemlos.

»Halt, halt, da ist noch etwas, was sie erfahren sollten. Die Frau ist Spanierin, eine kultivierte junge Frau.«

»Spanierin? Gastarbeiterin?«

»Nein, keine Gastarbeiterin, eine kultivierte Frau, sagte ich.«

Uta spürt den versteckten Tadel, und sie fragt:

»Wovon hängt es ab, ob wir das Kind bekommen?«

»Ob die Mutter mit Ihnen einverstanden ist. Ob evangelische Eltern ihr recht sind. Auch an Ihrem Wohnort im Ausland könnte sie Anstoß nehmen. Es sind noch viele Hürden zu nehmen.«

»Und all die vielen anderen Bewerber?« Ängstlich deutet Uta auf den Karteikasten.

»Es geht hier nicht der Reihe nach, sondern wer am besten zu wem passt. Gewicht hat auch der beiderseitige Wunsch, dass das Kind Geschwister bekommen soll.«

Uta ist so verwirrt, dass sie kaum klar denken kann.

»Wie soll es jetzt weitergehen?«, will sie wissen.

»Sprechen Sie mit Ihrem Mann und geben Sie mir Bescheid, ob dieses Kind für Sie in Frage kommt. Aber lassen Sie sich nicht zu viel Zeit. Die Geburt wird um den 10. Juli herum erwartet. Danach müssten wir die vorläufige Pflege beantragen.«

»Vorläufige Pflege beantragen . . .«, murmelt Uta, während sie sich verabschiedet.

Frau Bauer sitzt noch lange unbeweglich.

»Zufälle gibt es im Leben«, sagt sie, »die gibt es sonst nur im Kino.«

Alles war gerichtet für die Geburt. Noch einmal betrachtete Mona die selbstgehäkelte Babydecke, in die sie viele Träume eingearbeitet hat. Sie strich mit den Händen über das winzige Hemdchen und das aus zartem Batist genähte Blüschen und Häubchen. In diesen hübschen Kleidungsstücken würde sie ihr Kind ins Kinderheim bringen, das sie für die Übergangszeit ausgewählt hatte.

Während Karola außer Haus war, blieb Mona sich selbst überlassen. Die Stunden dehnten sich unerträglich. So geschah es wie von selbst, dass sie sich längst vergessener Kindheitsgewohnheiten erinnerte, sie betete:

»Lieber Gott, lass die Geburt rasch herankommen und bitte hilf mir, mich von dem Kind zu trennen. Bitte, lieber Gott, steh mir bei.«

Monas Gebete wurden erhört. Eine Woche vor dem errechneten Termin setzten die Wehen ein. In knappen Abständen wurde sie von Schmerzen überschwemmt, die wie Wogen über ihr zusammenbrachen, bis das Kind endlich ihren Leib verließ und sich mit einem kräftigen Schrei meldete.

»Ein gesundes Mädchen«, sagte die Hebamme, obwohl sie wusste, dass die junge Mutter ihr Kind zur Adoption geben wollte.

Mona drehte den Kopf zur Seite zum Zeichen, dass sie das Kind nicht sehen wollte. Sie flüchtete in den Halbschlaf und wünschte sich, erst wieder zu erwachen, wenn alles geregelt und vorbei war. Aber Ruhe und Schlaf waren ihr nicht vergönnt. In ihrem Zimmer wartete eine andere Frau auf die Geburt. Unruhig lief sie im Zimmer umher, stöhnte und warf sich auf ihr Bett. Sie rief nach der Schwester, beklagte sich über mangelnde Aufmerksamkeit und Anteilnahme. Von der Mitpatientin nahm sie keine Notiz. Mona atmete auf, als die Frau endlich das Zimmer verließ und hörte es kaum, als sie zurückgebracht wurde.

Karola kam zu Besuch. Sie erzählte Kleinigkeiten aus ihrem Alltag, krampfhaft bemüht, nicht über die Geburt oder das Baby zu sprechen. Nur beim Abschied sagte sie: »Ich rufe Frau Bauer an und melde, dass das Kind geboren ist.«

»Tu das«, Mona nickte und schaute zur Seite, fing sich aber wieder und lächelte. »In ein paar Tagen bin ich wieder bei dir.« Sie winkte Karola zu und versank in Gedanken, bis ihre Nachbarin fragte:

»Und Ihr Kind? Was ist mit ihm?«

Mona war wie vor den Kopf gestoßen.

»Was soll mit ihm sein?«

»Sie haben es nie bei sich und sprechen nicht darüber.«

»Ich kann das Kind nicht behalten. Es wird adoptiert«, stieß Mona mühsam hervor.

»Ach so«, damit war das Interesse der Nachbarin erschöpft, und sie widmete sich ihrer Illustrierten.

Am Nachmittag füllte sich das Krankenzimmer mit dem Getuschel und Gelächter der Besucher am Nachbarbett. Hin und wieder wanderte ein verstohlener Blick zu Mona hin. Aber sie tat, als bemerke sie dies nicht. Nach der Besuchszeit kam die Schwester.

»Hier bringe ich Ihren Sohn«, verkündete sie und schaute überrascht zu dem zweiten Bett. Oh, ich dachte, hier liegt nur eine Mutter«, entschuldigte sie sich.

Mona versuchte, diesen Ausrutscher zu übersehen. Sie nahm sich ein Buch vor, blätterte darin, als suche sie eine bestimmte Stelle. In Wahrheit jedoch beobachtete sie ihre Nachbarin, die Zwiesprache hielt mit ihrem Kind. Mona konnte den Blick nicht abwenden. Sie starrte auf das weiße Bündel, das winzige Gesicht mit den zugekniffenen Augen. Sie konnte sich nicht erinnern, je ein Neugeborenes ganz nah gesehen zu haben. So klein, so fertig war auch ihr Kind, das sie schon nicht mehr »ihr Kind« nennen durfte. Ihr Kind, das nur wenige Schritte entfernt in einem kleinen Bett einer ungewissen Zukunft im fernen Mexiko entgegenschlummerte. Mona spürte, wie der Schmerz in ihr wuchs, ihr in die Kehle stieg und sich mit einem Schluchzen befreite. Die Nachbarin schaute auf.

»Soll ich die Schwester rufen?«, fragte sie.

Mona schüttelte den Kopf, aber die Frau drückte bereits den Klingelknopf. Kurze Zeit später trat die Schwester an Monas Bett.

»Was ist?«, fragte sie mitfühlend, »haben Sie Schmerzen?« Mona schüttelte den Kopf und schwieg. Erst als die Schwester sich zur Tür wandte, flüsterte sie: »Bringen Sie mir mein Kind, bitte!«

Wenige Augenblicke später legte die Schwester das Baby neben Mona auf das Bett. Sie wagte kaum, sich zu bewegen. Sie betrachtete das Gesicht, die Nase, den Mund, der leicht gespitzt war, die geschlossenen Augen, die glatten, aber dichten Haare. Für einen Augenblick öffnete die Kleine die Augen und schaute Mona an, als wollte sie sagen: »Alles wird gut.« Jetzt erst griff Mona mit beiden Händen nach dem Kind und nahm es an. Sie drückte es fest an ihren Körper. Sie wollte nichts anderes, als ihr Kind spüren, es riechen, es atmen hören. Mona vergaß alles um sie herum. Sie hatte ihr Kind im Arm, ihr Glück, das sie nie loslassen würde.

»Felizitas sollst du heißen«, hauchte sie ihr mit einem Kuss auf die Stirn.

Als Karola am nächsten Tag zu Mona kam, saß sie im Bett und schrieb.

»Karola, hallo«, rief sie ihr strahlend vor Freude entgegen. »Komm, setz dich. Ich muss dir etwas erzählen.« Mona legte den Block beiseite und schaute die Freundin verschmitzt an. »Ich behalte Felizitas«, sprudelte sie hervor. Noch bevor Karola etwas erwidern konnte, hob Mona beschwichtigend die Hände. »Ja, ich habe es mir gut überlegt. Es muss gehen«, sagte sie, »es muss.« Karola war verblüfft, sie blieb stumm. »Schau«, fuhr Mona lebhaft fort und griff nach dem Block. »Ich habe aufgeschrieben, was ich jetzt alles tun muss.«

»Halt«, unterbrach Karola die Freundin, »erkläre mir erst einmal, wie es zu diesem Sinneswandel gekommen ist.«

Ausführlich schilderte Mona, was sich zugetragen und wie sie sich in ihre Felizitas verliebt hatte. »Sie ist das entzückendste Baby, das ich je gesehen habe«, schwärmte sie, »einfach süß. Du wirst es sehen.« Dann erläuterte Mona ausführlich, wie sie vorgehen wollte.

»Und du glaubst wirklich, nur weil deine Tante Dorothea exzentrisch ist und sich nicht um die Meinung anderer kümmert, kannst du sie überzeugen, die Kleine wenigstens vorübergehend bei sich aufzunehmen?«, fragte Karola zweifelnd.

Mona nickte.

»Ich hoffe es. Und wenn das gar nicht klappt, dann könnte ich es bei unserem alten Dienstmädchen probieren. Sie ist eine wunderbare Frau. Eventuell kann ich sie für mich abwerben.«

»Mona, Mona«, tadelte Karola, »du hast den Sinn für das Machbare verloren.«

»Unsinn«, widersprach Mona. »Ich will es so und werde es schaffen. Aber erst einmal brauche ich deine Hilfe, bitte Karola.«

Die Freundin schüttelte lachend den Kopf.

»Du kannst einen wahrhaftig überreden. Nun sag schon, was du willst.«

»Pass auf!« Mona setzt sich bequem zurecht, »du suchst bitte das beste Kinderheim, das es in der Gegend hier gibt. Ich werde Felizitas dort lassen, bis ich die endgültige Lösung gefunden habe. In spätestens vier Wochen kann ich sie dann wieder abholen. In der Zwischenzeit soll die Kleine bestmöglich untergebracht sein. Du wirst sehen, ich schaffe es«, sagte Mona mit Nachdruck und um sich selber Mut zuzusprechen. »Aber jetzt sollst du erst einmal die Prinzessin kennen lernen.«

Während der nächsten Tage schwelgte Mona in Gedanken und Überlegungen. Sie legte sich verschiedene Dialoge zurecht und sammelte überzeugende Argumente, Tante Dorothea oder Carmen für ihren Plan zu gewinnen.

Zehn Tage nach der Geburt wurde Mona entlassen. Bevor sie zum Kinderheim fuhr, ließ sie in einem Atelier Fotos von Felizitas machen.

»Mein Werbematerial«, nannte sie diese Bilder, auf denen die Kleine aus weit aufgerissenen Augen in die Welt schaut.

Frau Mitterer, Leiterin des Kinderheims, erklärte Mona genau, was ursprünglich mit Felizitas geplant war und was sie jetzt mit aller Macht zu verhindern suchte.

»Ich bin ganz sicher, dass es mir gelingt«, sagte sie zum Abschied. An der Tür drehte Mona sich noch einmal um. »Wenn ich wider Erwarten mein Kind nicht selber abhole, geben Sie ihr in jedem Fall die Sachen mit, in denen ich sie Ihnen gebracht habe. Und auch dieses Bild«, Mona nahm ein Foto und reichte es Frau Mitterer. »Für alle Fälle«, sagte sie lächelnd.

Es war ein einfacher Brief, nur wenige Zeilen lang. Für Chris und Uta jedoch bedeutete er die heiß ersehnte Nachricht:

Am 4. Juli 1967 wurde Mona Silicio von einem Mädchen entbunden, 2600 Gramm schwer und 49 cm lang.

Mit dem Brief in der Hand hüpfte und sprang Uta durch die Wohnung.

»Wir haben ein Kind, ein Kind«, rief sie wieder und wieder, und in ihr Tagebuch schrieb sie mit riesengroßen Buchstaben:

Wir sind am Ziel unserer Wünsche. Unser kleines Mädchen ist auf der Welt.

Es war nicht mehr nur ein kleines Wesen, das sie mit dem Wort »vielleicht« verbanden. Jetzt war es ein gesundes kleines Mädchen. Chris und Uta konnten ihre Freude kaum fassen.

Einen Vornamen hatte ihr Kind noch nicht, zumindest war in dem Schreiben vom Jugendamt keiner angegeben. Also hatten sie das Vergnügen, selbst einen Namen auszuwählen. Sie entschieden sich für Franziska.

Ab sofort drehte sich jedes Gespräch um Franziska. Uta strickte und stickte für Franziska und stellte sich wieder und wieder vor, wie die Kleine wohl aussehen würde. Jetzt gab es nur einen Sehnsuchtspunkt, die erste Begegnung. Franziska, Franziska, nichts als Franziska . . . Über die Mutter dachten Chris und Uta nicht nach, bis ein zweiter Brief von Frau Bauer kam, in dem es hieß:

Mona Silicio bereut ihren Entschluss, das Kind zur Adoption zu geben. Sie hat sich eine Bedenkzeit von vier Wochen erbeten. Die Kleine ist wie vorgesehen in einem Kinderheim untergebracht, bis die Mutter sicher ist, welchen Weg sie einschlagen wird.

Das konnte nur ein böser Traum sein. Uta las den Brief noch einmal so ruhig wie möglich, aber an seinem Inhalt änderte sich nichts. Ein kurzer Nachsatz – als Trost gedacht – lautete:

Ich bezweifle, dass es Frau Silicio gelingt, ihre Familie für das Kind zu gewinnen.

Die Worte im Tagebuch: *Wir sind am Ziel unserer Wünsche,* klangen Uta wie Hohngelächter. Rasch blätterte sie um und schrieb:

Alles ist verloren. Franziska wird es nie für uns geben. Ihre Mutter ist erwachsen, finanziell gut gestellt und von dem Wunsch beseelt, ihr Kind zu behalten. Wer sollte sie daran hindern?

Vier Wochen Bedenkzeit. Es fiel Uta nicht schwer, sich in Mona hineinzuversetzen. Sie malte sich alle möglichen Lösungen aus, wie Mona ihre Eltern überzeugen würde. Und sie kam stets zu dem einen Schluss: Es wird ihr gelingen, das Kind zu behalten.

Ade, kleine Franziska, ade, bevor wir dich überhaupt kennen gelernt haben, steht in Utas Tagebuch.

Der August schlich dahin. Uta legte die Strickarbeit fürs Baby beiseite und stürzte sich stattdessen in andere Tätigkeiten. Sie ging in Museen, konzentrierte sich auf den vernachlässigten Sprachunterricht und bemühte sich, besonders köstlich für Chris zu kochen.

Am 25. August brachte der Postbote einen weiteren Brief von Frau Bauer. Uta wagte es nicht, ihn zu öffnen. Eine ganze Stunde ließ sie ihn liegen, um sich innerlich auf das endgültige Nein einzustellen. Dann aber riss sie den Umschlag auf und las:

Frau Silicio willigt in die Adoption ein. Sie hat keine Möglichkeit gefunden, ihr Kind zu behalten.

41

»Willigt ein. Sie willigt ein«, Uta flüsterte es, dann sagte sie es laut, ganz laut vor sich hin. Sie konnte es nicht glauben. »Sie willigt ein. Franziska wird zu uns gehören.«

Erst als sie mit Chris diese wunderbare Nachricht teilen konnte, wusste sie, dass sie nun tatsächlich bald ihr Kind haben würden.

Aber die himmelhoch jauchzende Freude fiel rasch in sich zusammen.

Ich habe mich in den letzten Wochen so sehr in Mona hineinversetzt, schrieb Uta in ihr Tagebuch, *dass sich eine Wandlung in mir vollzogen hat. Mir ist bewusst geworden, wie Mona um ihr Kind gekämpft hat, wie schwer ihr die Trennung fällt. Und doch hat sie sich dem Diktat der Familie gebeugt, um deren guten Ruf zu wahren. Das ist so grausam, dass es mich bedrückt. Ein Gefühl der Angst wächst in mir. Wird Franziska uns eines Tages den Vorwurf machen, wir hätten sie ihrer Mutter weggenommen? Sollen wir verzichten?*

Uta erträgt diese Unsicherheit nicht länger. Sie schlägt das Buch zu und nimmt sich vor, die trüben Gedanken zu verbannen. Aber der Zweifel lässt sie nicht mehr in Ruhe. Schließlich bespricht sie ihre Bedenken mit Chris und fragt:

»Sollen wir uns zurückziehen?« Chris denkt nüchterner. »Wenn wir auf Franziska verzichten, wird Frau Bauer andere Adoptiveltern auswählen. Monas Entscheidung hat nichts mit uns zu tun.« Seine Worte sind einleuchtend und vernünftig. Und doch fällt es Uta schwer, die Schuldgefühle abzustreifen.

Letztlich überwiegen Sehnsucht und Vorfreude auf das Kind. Uta will nicht mehr zurückdenken, nur noch voraus, ihrem Kind entgegen.

Drei Wochen später flogen sie nach Deutschland. Direkt vom Flughafen fuhren sie ins Kinderheim. Keine Stunde wollten sie jetzt länger warten. Uta klopfte das Herz im Hals, als eine Schwester sie in einen Besucherraum führte. Angespannt und schweigend saßen Chris und Uta sich gegenüber. Den Blick auf die Tür gerichtet, lauschten sie auf jedes sich nähernde Geräusch. Endlich erschien Frau Mitterer. Uta hörte nicht ihre Begrüßung, sie starrte nur auf das Kind. Wortlos streckte sie ihre Arme aus und nahm das Baby entgegen, um den ersten Kontakt zu ihrem Kind zu knüpfen. Ohne sich stören zu lassen, versank Uta in das kleine Gesicht, strich über die Fingerchen. Nie im Leben wird sie dieses Kennenlernen vergessen. Darüber vergaß sie, wo sie war, sie vergaß die Heimleiterin, ja sie vergaß sogar Chris. Bis sie aufschaute und ihm das Baby hinhielt.

»Willst du sie nehmen?« Aber Chris hob abwehrend die Hände, er wagte es nur, das Füßchen mit der Hand zu umfassen.

»Wann können wir die Kleine bekommen?«, fragte Uta.

»Sobald Sie wollen. Frau Silicio hat bis Ende des Monats bezahlt. Aber ich denke, so lange wollen Sie nicht warten. Die Abtretungsurkunde ist unterschrieben, deshalb können Sie das Kind jederzeit abholen, um es vorläufig in Pflege zu nehmen. Es wundert mich allerdings, dass es so gekommen ist«, meinte Frau Mitterer, »ich war überzeugt, Frau Silicio würde ihr Kind selber abholen. Sie war fest entschlossen, einen Weg zu finden. Aber . . .« die Heimleiterin zuckte die Achseln, als bedauere sie diese Lösung. »Freuen Sie sich, denn Felizitas ist etwas ganz Besonderes«, sagte sie so stolz, als sei sie die Mutter. Da war wieder der Schatten, vor dem Uta sich fürchtete, und sie sagte hastig:

»Morgen um die gleiche Zeit kommen wir wieder.«

Pünktlich auf die Minute waren Chris und Uta im Heim. Gespannt beobachtete Uta durch die Glasscheibe das Babyzimmer, schaute zu, wie eine Schwester ein Kind herrichtete und es Uta brachte.

»Hier ist die Kleine«, sagte sie und wollte ihr das Baby reichen.

»Das ist nicht mein Kind«, abwehrend hob Uta die Hände. Die Schwester warf einen Blick auf das Kind, dann auf Uta.

»Oh, entschuldigen Sie, ich habe mich geirrt«, sagte sie und verschwand im Babyzimmer.

›Das ist nicht mein Kind‹, echote es in Utas Kopf, aber sie schob den dunklen Gedanken beiseite und sagte lachend zu Chris:

»Siehst du, mir kann man kein fremdes Kind unterschieben.«

Wenig später übergab Frau Mitterer Chris und Uta die kleine Felizitas in den Sachen, die Mona mit viel Liebe für sie ausgewählt hatte.

»Frau Silicio bittet Sie, diese Babykleidung und die von ihr gehäkelte Decke ihrem Kind als Andenken an sie zu verwahren. Dazu gehören auch diese beiden Fotos, die sie hat machen lassen, bevor das Kind zu uns kam.«

»... und mit denen sie versucht hat, ihre Eltern zum Einlenken zu bewegen«, setzte Uta hinzu.

Zum Glück blieb keine Zeit für traurige Gedanken. Uta und Chris wendeten sich uneingeschränkt Franziska zu, um es nicht nur äußerlich als ihr Kind anzunehmen. Alles war zunächst aufregend. Das erste Fläschchen, das erste Mal die Windeln wechseln, baden, die erste Nacht, die Angst, sie könnte im Schlaf ersticken, ein Insekt würde sie stechen oder sonst etwas könnte sich ereignen, was sie im Schlaf nicht bemerkten.

Wir sind drei, schrieb Uta, *wir haben ein Kind. Wir sind Eltern. Ich bin die Mutter dieses Kindes mit den großen Augen.*

»Sie schaut mich an, als wüsste sie Bescheid über die besondere Situation, in der sie und wir uns befinden«, sagte Uta halb im Scherz zu Chris. »Es ist nur gut, dass ein so kleines Kind von alledem nichts ahnt und nicht darunter leiden kann. Stell dir nur vor, sie wüsste, dass sie ihre Mutter verloren hat.«

»Uta«, mahnte Chris, »tu mir einen Gefallen und quäle dich nicht mit sinnlosen Gedanken. Franziska hat eine Mutter, und das bist du.«

Chris hatte Recht. Uta versprach, diese Gedanken in eine tiefe Schublade zu versenken, wo sie in Vergessenheit geraten konnten.

Franziska oder Felizitas, wie sollte das Baby heißen? Sie bekam beide Namen. Felizitas war der Wunsch der Mutter und ein gutes Omen. Aber Mona würde sich – wo immer sie den Namen Felizitas hörte – nach dem Kind umschauen. Und um solch einen Zufall auszuschließen, entschieden sich Chris und Uta für Franziska als Rufnamen und Felizitas als Zweitnamen und Erinnerung an ihre leibliche Mutter.

Bevor die junge Familie nach Mexiko zurückflog, wurde im Kreise der ganzen Familie Taufe gefeiert. Die glücklichen Eltern, die stolzen Großeltern, Tanten und Onkel schlossen einen engen Kreis um Franziska Felizitas, als sie in einem von Uta mit ihrem Namen bestickten Kleidchen getauft wurde.

*

Unmittelbar vor der Abreise nach Mexiko gesellte sich ein unerwarteter Mitreisender zu der dreiköpfigen Familie: ein brauner Teddybär, als Spielzeug gedacht. Dieser Teddy wurde viel mehr, er wurde Franziskas bester Freund. Er hat sie so nah erlebt wie sonst niemand, hat ihre Gedanken, Träume und Sehnsüchte erspürt, war ihr Freund, ihr Sündenbock und ihr Seelentröster. Und wer genau hinhört, dem kann er viel erzählen:

Ich bin ein Teddy, einfach ein Teddy. Meine Lebensjahre habe ich nicht gezählt, aber man kann sie abschätzen an der Art, wie Kopf, Arme und Beine ungeschickt wieder und wieder fest angenäht wurden, dass sie sich schon lan-

ge nicht mehr drehen lassen. Die einst samtweichen In-
nenseiten meiner Pfoten sind mit Flicken ausgebessert,
und mein flauschiges Fell ist jetzt zottelig und stumpf.

Einst war ich ein fescher, stolzer Teddy und träumte da-
von, zu einem Geburtstag oder zu Weihnachten als die
Krönung aller Geschenke jubelnd von einem Kind emp-
fangen zu werden.

Aber es kam ganz anders. Viel hätte nicht gefehlt, und
Franziska und ich wären nie Freunde geworden. Fran-
ziska – kurz Francis genannt – war gerade 14 Wochen
alt, als ihre Eltern sie in einem Körbchen verpackt auf
die Reise über den Atlantik mitnahmen. Als lieb gemein-
tes Abschiedsgeschenk wurde ich kurz vor Abflug über-
reicht, aber willkommen war ich in jenem Moment nicht.
Ich spürte es sofort. Keine Hand war frei, die mich fasste,
kein Arm, der mich umklammert hielt, kein Platz war in
einer der vielen Taschen, wo ich mich verkriechen konn-
te. So setzte man mich rittlings auf den Babykorb. Von
dem dicken Kissen aus warf ich einen ersten Blick auf
Francis. Sie schaute mich aus ihren großen, dunklen Au-
gen an, und mir war, als signalisiere sie: »Klammere dich
gut fest, Teddy, sonst bist du verloren!« Ich gab mir alle
Mühe, den Rand des Korbes nicht loszulassen. Auf dem
Weg über die steile Flugzeugtreppe verlor ich fast das
Gleichgewicht. Aus Angst versuchte ich zu brummen, aber
kein Laut kam aus meinem braunen Balg. Als ich dann in
die Ecke eines Sessels gedrückt wurde, dicht neben
Francis, quietschte ich vor Freude auf. Es war geschafft.
Die Reise, die erste Reise meines Lebens konnte begin-
nen. Von dem Augenblick an waren Francis und ich Freun-

de. Und ich hänge mit jeder Faser meines zotteligen Fells an meiner Francis, auch wenn ich sie schon lange nicht mehr auf Schritt und Tritt begleite, sondern froh bin, dass sie mich auf ihrem Bett in der Ecke sitzen lässt.

Während der ersten Wochen saß ich meist rittlings auf ihrem Bettrand: Ich hörte sie glucksend lachen, wütend schreien oder schnorchelnd schlafen. Ich beobachtete sie, wie sie an ihrem Daumen lutschte und dabei mit dem Zeigefinger ihre Augenbrauen zerzauste. Später durfte ich neben ihr in ihrem Bett oder im Laufstall sitzen.

Oh, wie sie diesen hasste. Zum Zeichen ihres Zorns warf sie ihre Spielsachen hinaus. Zum Schluss war ich an der Reihe. Francis musste sich tüchtig plagen, mich bis zum Rand hinaufzuschieben, bis ich kopfüber auf der anderen Seite herunterpurzelte.

Der gehasste Laufstall wurde schon bald als ungeeignet weggeräumt. An seine Stelle trat der Laufstuhl. Hach, das war eine Freude, das war eine aufregende Art, sich fortzubewegen. Und Francis lernte es schnell, sich mit den Beinen abzustoßen und wie ein Wiesel davon zu rollen. Für mich brachen böse Zeiten an. Es gefiel ihr, mich mit den Füßen vor sich her zu stoßen, mich am Arm oder Bein in die Luft zu werfen und ohne Mitleid mit verdrehten Gelenken liegen zu lassen. Sie zog mich am Ohr und drückte mich voller Liebe, aber eher grob als zärtlich. Und doch wollte ich diese lebhaften Liebesbeweise um keinen Preis missen.

Den ersten Weihnachtsbaum mit seinen Lichtern, den glitzernden Kugeln und den schimmernden Silberfäden betrachtete Francis mit Staunen. Von Papis Arm aus versuchte sie, nach den bunten Kugeln zu greifen und an den Lamettafäden zu ziehen.

Für Uta und Chris war es das wunderbarste Weihnachtsfest, ihre wonnige Francis das größte Geschenk. Uta konnte sich nichts anderes mehr vorstellen, als sich ganz ihrem Kind zu widmen. Gewissenhaft hielt sie in ihrem Tagebuch jede Entwicklung fest, in Zentimeter und Gramm genau, den ersten Zahn, und wann Francis fieberte. Voller Überschwang schrieb sie:

Ich genieße meine Rolle als Mutter. Sie ist mir so vertraut geworden, dass der gefürchtete Schatten der leiblichen Mutter restlos verschwunden ist. Er vermodert in der Schublade.

Für Uta war es unvorstellbar, dass sich an diesem Glück jemals etwas ändern könnte. Bis zu jenem 26. April 1968, als wie ein Gespenst am Himmel ein Brief von Frau Bauer auftauchte, der mitteilte:

Die am 14. September 1967 unter der Abtretungsurkunde geleistete Unterschrift ist ungültig, da sie vor Ablauf der gesetzlich vorgeschriebenen Drei-Monatsfrist geleistet wurde. Frau Silicio wird aufgefordert, eine neue Abtretungsurkunde zu unterzeichnen.

Uta brauchte lange, bis sie den Sinn dieses Briefes verstand. Und die Angst stellte sich sofort ein, als ihr klar wurde: Francis ist nach wie vor Monas Kind. Mona könnte es zurückfordern. Es würde reichen, die Abtretungsurkunde nicht zu unterschreiben. Uta wagte es nicht, den verhängnisvollen Brief auch nur zu berühren.

»Ich fliehe mit Francis in den Urwald von Chiapas«, war ihre erste verzweifelte Reaktion, der eine lange Reihe schlafloser Nächte folgte. Auch Chris war nicht in der Lage, sie wirklich zu trösten. Bei Uta war nicht mehr die kleinste Spur von Mitleid mit Mona vorhanden. Mona bedeutete Gefahr, sie war die Mutter, die das Kind womöglich zurückfordern würde, das Kind von Uta und Chris, das Liebste, das die beiden besaßen.

Mona nahm ihren gelben Mantel aus dem Schrank und erinnerte sich unwillkürlich an den sonnigen Frühlingstag vor einem Jahr, als sie ihrem Chef die Schwangerschaft gestanden hatte.

Die letzten Monate lasteten noch schwer auf ihrer Seele. Aber sie spürte, wie der innere Druck langsam geringer wurde. Sie dachte nicht mehr täglich an Felizitas und hatte aufgehört, sich die Kleine vorzustellen. Ihre Arbeit füllte sie so aus, dass für Grübeleien wenig Platz blieb.

Mona ermahnte sich zur Eile. In einer halben Stunde war die Besprechung der Abteilungsleiter. Sie hatte sich sorgfältig für ihren Bereich vorbereitet. Vor der Wohnungstür traf sie den Postboten. Sie sah nur ganz flüchtig auf ihre Briefe und steckte sie in die Tasche. Erst als sie ihr Auto durch den stockenden Verkehr steuerte, warf sie einen Blick auf die Absender. Ein Schreiben kam vom Jugendamt. Mona überflog den Inhalt und hielt den Atem an. *Die Abtretungsurkunde ist ungültig,* las sie. ›Ich kann Felizitas zurückbekommen‹, tönte es in ihrem Kopf. ›Ich kann sie wiedersehen.‹ Wie schlafwandelnd ging sie in den Konferenzraum. Abwesend nickte sie ihren Kollegen zu und legte die Papiere vor sich auf den Tisch.

»Ungültig«, murmelte sie und versuchte vergebens, sich zu konzentrieren. »Ungültig«, sagte sie halblaut, als Dr. Reiders gerade seine Rede beendete.

»Was ist ungültig?«, fragte er irritiert.

»Verzeihung«, hauchte Mona und zwang sich, nur an das zu denken, was vorgetragen wurde und was sie selber zu sagen hatte. Aber sie verhedderte sich mehrfach und brachte ihre Vorschläge wenig überzeugend vor. Ob umorganisiert würde oder nicht, war Mona jetzt gleichgültig. Wichtig war nur der Brief. Der hatte sie restlos durcheinander gebracht und lockte mit einer Chance, die in Wahrheit keine Chance war. Felizitas ist zehn Monate alt. Und Mona versuchte, sich ihr Kind vorzustellen. Sie sah es mit der einzigen Mutter, die das Kind kannte, sah sie ihr die Ärmchen entgegen strecken. Dieses Bild ging einher mit dem Bewusstsein: Die Adoption ist unwiderruflich. Mona brach in haltloses Schluchzen aus. Sie weinte sich all ihren Schmerz von der Seele.

Wahrscheinlich war der Schmerz zu groß, denn Mona erwachte am nächsten Morgen mit hohem Fieber. Ihr Körper war bleischwer, sie war unfähig, sich zu erheben. Das Krankheitsbild blieb unklar. Mona nannte es: meine endgültige Trennung.

Erst einen Monat nach Erhalt des Schreibens reiste sie nach München. Der Notar, Dr. Adler, war sehr freundlich. Er zeigte Verständnis und entschuldigte sich im Namen seines Kollegen für den Formfehler. Mona spürte

Vertrauen zu ihm und sah die letzte Gelegenheit, etwas über ihr Kind zu erfahren.

»Kennen Sie die Leute, bei denen meine Felizitas ist?« Der Notar nickte. »Welchen Eindruck machen sie auf Sie? Glauben Sie, dass sie gute Eltern sein werden? Erzählen Sie mir von ihnen, bitte.« Die Fragen prasselten auf Dr. Adler ein, und er nahm sich viel Zeit, Mona zu beruhigen.

»Gibt es keine Möglichkeit, dieses Ehepaar einmal zu treffen? Oder wenigstens zu sehen?«, bat Mona. Dr. Adler schüttelte den Kopf.

»Lesen Sie diesen Brief!«, forderte er sie auf und wartete geduldig, bis Mona zu Ende gelesen hatte.

Liebe Mona Silicio, ich bin Mutter von drei Kindern und die Großmutter von Felizitas. Mir ist wohl bewusst, wie Ihnen zumute ist. In das Schicksal kann ich nicht eingreifen, aber vielleicht kann ich Ihre Sorge ein wenig lindern, indem ich Ihnen verspreche, Felizitas wird behütet und geliebt aufwachsen. Was Menschen zu tun vermögen, das werden wir tun, dieses Kind glücklich zu machen, zu einem selbstbewussten und tüchtigen Menschen zu erziehen. Felizitas hat Vater und Mutter, die sie über alles lieben. Und Felizitas wird ganz sicher Geschwister bekommen. Denken Sie in Liebe an Felizitas und in dem Bewusstsein: Es geht ihr gut. Heute schon zeigt sich, dass Felizitas, ein kerngesundes, lebhaftes Baby ist und über eine ausgeprägte Willensstärke verfügt. Sie wird ganz sicher zielbewusst und offen ihren Lebensweg gehen.

Sie haben entschieden, dass Sie sie nicht begleiten kön-
nen, wofür ich Sie bewundere. Nehmen Sie mein Wort:
Sie haben die zweitbeste Lösung für Felizitas gewählt.
Unsere Familie weiß dies zu würdigen.
Eine Großmutter, die es gut meint.

Mona faltete den Brief sorgfältig zusammen. Mühsam
schluckte sie ihre Tränen hinunter. Sie versuchte sogar
ein Lächeln und nahm sich Zeit, bis sie weitersprach:
»Und doch . . .« Mona suchte nach Worten, »wenn den
Adoptiveltern etwas zustoßen sollte, lassen Sie es mich
wissen. Ich bin immer für Felizitas da. Ich möchte unter
gar keinen Umständen, dass sie je in ein Heim kommt.«
Und noch etwas fiel ihr ein. »Man soll Felizitas nicht sagen, dass sie adoptiert ist. Sie soll in dem Glauben aufwachsen, dass diese Leute ihre einzigen Eltern sind.«
Das allerdings konnte Dr. Adler nicht versprechen, da er
darauf keinen Einfluss hatte.

*

Teddy erzählt:
Am Tag ihres ersten Geburtstages war ich ihr einziger
Gast. Die kleine Prinzessin saß auf dem Wohnzimmer-
teppich, inmitten ihrer Geschenke und riss mit sichtba-
rem Vergnügen die bunten Papiere von den Päckchen.
Von dem, was zum Vorschein kam, nahm sie jedoch kaum
Notiz. Allein der Napfkuchen faszinierte sie. Mit beiden
Händchen brach sie sich dicke Brocken heraus und stopfte
sie in den Mund. Die krümeligen Fingerchen wischte sie
an meinem Fell ab.

Der Laufstuhl war inzwischen auf den Dachboden verschwunden. Auf unsicheren Beinen und mit ausgestreckten Armen segelte Francis kreischend und juchzend durch die Gegend. Jetzt durfte man sie keinen Augenblick mehr aus den Augen lassen. Manchmal sah es wirklich gefährlich aus. Oft hätte ich gerne gebrummt: »Lass das, Francis!« Wenn sie sich eine Zigarettenkippe aus dem Aschenbecher angelte oder eine offene Putzmittelflasche erwischte und daraus kosten wollte. Wenn sie Erde im Garten aß oder aus dem Gartenschlauch trank, was streng verboten war. Schlimm war es, wenn Francis sich langweilte. Dann ging sie auf Entdeckungsreise. Sie untersuchte Mamis Lippenstift, probierte ihn aus und brach ihn in Stücke. Einmal jedoch trieb sie den Unfug zu weit. An einem Mittag hatte sie keine Lust zu schlafen. Sie zog die Windel aus und verteilte, was sie darin gefunden hatte, in ihrem Bett, an der Wand und rieb eine kräftige Portion davon in mein Fell. Dabei brauche ich doch keine weitere Braunfärbung. Nach dieser unappetitlichen Erfahrung schmollte ich. Drei Tage lang durfte Francis nicht mit mir spielen. Genau so lange dauerte es, bis ich nach einem gründlichen Bad wieder ganz trocken war.

Jetzt war auch ihr Bett kein Ort mehr, wo sie sicher aufgehoben war. Ihre geschickten Fingerchen fanden den Dreh, die Mittelstange aus dem Gitter zu entfernen und auszusteigen. Schwieriger allerdings war es, auch mich zu befreien. Sie packte mich am Arm und versuchte, mich quer hindurchzuziehen. Um ein Haar hätte ich bei diesem Abenteuer zum ersten Mal meinen Arm verloren.

Wirklich aufregend wurde es mit Francis, als sie zu spre-
chen anfing. Zunächst verstand nur ich ihre Lautmalerei,
bei denen sie Silben und Buchstaben ineinander verschob.
Nur die Worte Mami und Papi waren richtig zu verste-
hen. Bald jedoch verstanden alle, was sie fast ununter-
brochen plapperte. Die eigene Stimme schien ihr beson-
ders gut zu gefallen. Mit mir spielte sie Mami und Papi,
indem sie deren Gebärden und Tonfall nachahmte, und
erfand dabei ihr eigenes Rollenspiel.

Oft stand Francis, das Gesicht gegen die Maschen des
Drahtzaunes gedrückt, und schaute in Nachbars Garten.
Drüben wohnte Tante Kape mit drei Hunden, dem gro-
ßen schwarzen Dobermann Chinosch, dem jungen Schä-
ferhund Chock und dem schwarz-weißen, fast blinden
Terrier Mucky. Francis rief und wartete so lange, bis sie
jemand über den Zaun hob. Zum Glück fiel ihr nie ein,
mich mitzunehmen. Ich hätte mich zu Tode gefürchtet.

Enttäuscht war ich jedoch, dass ich nie einen phantasie-
vollen Namen bekam. Und ich fragte mich: Bin ich der
kleinen Francis gleichgültig. Aber es war offenbar, dass
sie dem Wort Teddy immer wieder einen anderen Klang
gab, mal zwitschernd, mal sanft und schmeichelnd, dann
wieder zornig, oft mit Lachen gemischt oder unter Trä-
nen gemurmelt. Nein, ich war meiner Francis nicht gleich-
gültig, sie liebte mich inniger, viel inniger als jedes ande-
re Kind seinen Teddy liebt.

Francis war zweieinhalb Jahre alt, als sie zum ersten Mal
bewusst den Zauber der Weihnachtszeit erlebte. Mami
erzählte ihr vom Nikolaus, von den Engelchen, die dort
oben, in hinter Sternen versteckten Werkstätten Teddybä-

ren zum Leben erweckten, Puppenkleider nähten, Drei-
räder bauten, Bilderbücher und Malhefte vorbereite-
ten, die das Christkind zu Weihnachten an die Kinder
verschenkte. »Bald«, hatte Mami angedeutet, »kommt
der Nikolaus und schaut sich heimlich bei dir um. Viel-
leicht bringt er dir schon etwas im Voraus.« Und rich-
tig, eines Morgens hing an der Wand neben ihrem Bett
ein blaues Stoffbild, auf dem eine ganze Karawane
kleiner Weihnachtsmänner marschierte, von denen
jeder ein winziges Päckchen trug. Tag für Tag durfte
Francis eines davon öffnen. Abends schaute sie oft
zum Himmel hinauf. Die funkelnden Pünktchen sind
Sterne, hatte sie gelernt, und die helle Scheibe ist der
Mond.

»Teddy«, seufzte sie dann, »ich würde zu gerne einen Blick
hinter diesen dunklen, flimmernden Vorhang werfen und
sehen, wie der Mond wirklich aussieht. Mal ist er dick
und rund, mal schmal wie eine Wiege.« Leider konnte ich
meiner Francis diesen Wunsch nicht erfüllen.

Die Spannung war schier unerträglich, als eines Mor-
gens die Wohnzimmertür zugesperrt blieb und die Vor-
hänge zum Garten zugezogen waren.

»Heute kommt das Christkind«, wiederholte Francis, was
Mami ihr erklärt hatte, »und keiner darf es beobachten.«
Francis brannte vor Neugier und wünschte sich so sehr,
einen kurzen Blick in das versperrte Zimmer zu werfen.
Tatsächlich gelang es ihr, einen Spalt im Vorhang zu ent-
decken. Fest drückte sie das Gesicht gegen die Scheibe
der Terrassentür und erstarrte. Mit schlechtem Gewis-
sen lief sie zu Mami.

»Im Wohnzimmer steht ein riesiges Blümchen«, stieß sie hervor.

Als die Wohnzimmertür endlich geöffnet wurde, stand Francis – mich fest an sich gedrückt – und staunte. Die große Blume strahlte und funkelte.

»Christkind?«, murmelte sie und ließ mich zu Boden fallen.

Das Christkind hatte für sie eine gestreifte Plüschkatze und einen fast lebensgroßen Dackel als Geschenke gebracht. Neidisch sah ich, dass der Dackel an einer langen Leine laufen konnte, dass er heiser bellte und zu Francis' Entzücken mit dem Schwanz wackelte. Mir blieb nichts anderes übrig, als einige Tage lang mit diesen Stofftieren Francis' Liebe zu teilen und mit anzusehen, wie sie in ihrer Phantasie mal in die Rolle des Hundes, dann wieder in die der Katze schlüpfte. Das ging so weit, dass sie an das klingelnde Telefon lief, sich meldete:

»Miau, hier spricht die Katze, es ist niemand zu Hause«, und den Hörer auflegte.

Als drei Kerzen auf Francis' Geburtstagskuchen brannten, hatte sie den Babyspeck abgelegt. Sie konnte unterscheiden, mit wem sie Deutsch und mit wem sie Spanisch sprechen musste. Mami nannte sie jetzt oft »meine Große«. Aber Dummheiten machte Francis nach wie vor, jetzt jedoch gezielt und mit sichtbarem Vergnügen. Sie holte sich ein rohes Ei aus dem Kühlschrank und warf es auf den braunen Dielenteppich. Oder sie stieg in den ausladenden Gummibaum im Garten, hielt sich nur mit einem Arm fest und freute sich, wenn Mami sie angsterfüllt aufforderte, herunterzukommen. Fasziniert übte sie vor dem

*großen Spiegel im Schlafzimmer, Fratzen zu schneiden,
die Zunge herauszustrecken, bis ihr einfiel, hinter dem
Glas nach dem Spaßvogel zu suchen. Zum Glück kam
Mami noch rechtzeitig hinzu, um ein Unglück zu verhindern. Sie schimpfte ihre kleine Range tüchtig aus. Daraufhin flüchtete Francis zu Maria in die Küche und
klagte:*

*»Mami ist bös.« Wirklich böse wurde Mami, als Francis
sich als Gärtnerin betätigte und den Rosen, Geranien und
Margeriten die Köpfe abschnitt. Francis verstand die Welt
nicht mehr. Neulich erst hatte Papi eben solche Blumen
mitgebracht, und Mami war hell entzückt.*

*Francis ging nie zart fühlend mit mir um. Aber einmal
geschah wirklich ein Unglück.*

*»Mal sehen, wie hoch du fliegen kannst«, rief Francis
und schleuderte mich in die Luft. Sie hatte ihre diebische
Freude daran, mich mit ausgebreiteten Armen und Beinen durch die Luft segeln zu sehen, bis ich nach vielen
unbeschadeten Landungen so unglücklich auf den Rand
der Steinplatten aufschlug, dass mein Kopf sich ablöste.
Francis stand starr vor Schrecken. Vorsichtig hob sie mich
auf und brach beim Anblick meines kopflosen Körpers in
Schluchzen aus.*

*»Mami«, schrie sie, »Teddy hat den Kopf verloren.« Sie
konnte gar nicht mehr aufhören zu weinen.*

*»Wir legen Teddy ins Bett«, schlug Mami vor, »und mor-
gen – denke ich – ist er wieder gesund.« Francis glaubte
ihrer Mutter. Liebevoll wie nie zuvor bettete sie mich in
den blauen Holzwagen mit der geblümten Gardine, deckte
mich mit vielen Kissen zu und stellte mich in eine Zimmer-*

ecke. Ich vermute, sie konnte meinen Anblick nicht ertragen.

Als Francis schlief, holte Mami mich hervor und nähte mir – zum ersten Mal – den Kopf wieder an, band mir einen rot-weiß karierten Schal um den Hals und setzte mich zu Francis ins Bett. Dort fand sie mich am nächsten Morgen und bedeckte mich über und über mit Küssen. Rein äußerlich war ich wieder gesund, aber den Kopf kann ich seither nicht mehr drehen.

Francis war selig, dass der Unfall so glimpflich abgelaufen war. Und während einiger Tage behandelte sie mich wie ein genesendes Kind, trug mich überall mit hin und nahm mich sogar mit, als sie mit Mami ihre Freundin Marlies besuchte. Wortreich schilderte sie ihr, wie krank ich war, wie tapfer, und dass ich überlebt habe, obwohl mein Kopf ganz ab war.

»Pah, du mit deinem Teddy«, gab Marlies schnippisch zurück. »Ich werde bald ein richtiges Baby zum Spielen haben. Ich bekomme ein Schwesterchen oder Brüderchen.« Marlies hatte ins Schwarze getroffen. Der Neid stand Francis in den Augen geschrieben.

»Woher weißt du das?«, brachte sie dann verwirrt hervor.

»Weil das Baby im Bauch meiner Mami wächst. Und bald kommt es da raus.«

»Aha«, war alles, was Francis dazu sagen konnte. Sobald sie mit Mami alleine war, fragte sie:

»Stimmt es, dass im Bauch von Marlies' Mutter ein Baby wächst?«

Mami bejahte.

»Ist Marlies auch in dem Bauch ihrer Mami gewachsen?«
»Ja, mein Schatz.«

»Und ich, bin ich auch in deinem Bauch gewachsen?«
*»Nein, mein Schatz. Wir haben dich aus dem Kinderheim
geholt.«*

Francis nickte, als habe sie verstanden.

*»Ich möchte auch ein Brüderchen haben«, sagte sie
nach einer langen Weile. Ihre Stimme klang wütend,
als fürchte sie, dass ihr dieser Wunsch nicht erfüllt
würde. Und sie schlug mit den Händen auf meinen Teddy-
bauch.*

*»Warte nur ab«, tröstete Mami, »auch du wirst ein Brü-
derchen bekommen, ganz bestimmt.«*

»Du bekommst ein Brüderchen, ganz bestimmt«, hatte
Uta versprochen und gespürt, wie ihr Herz schneller klopfte. Nein, sie hatte ihre kleine Francis damals nicht ange-
logen, nur im Geschlecht hatte sie sich geirrt.

Längst schon hatten Chris und Uta sich Gedanken darüber gemacht, wann und wie sie sich um das nächste
Kind bemühen wollten. Jetzt war der Zeitpunkt gekommen. Frau Bauer würde wieder helfen, davon waren sie
überzeugt. Und Uta wollte persönlich mit ihr darüber sprechen. Schweren Herzens ließ sie Francis und Papi in
Marias Obhut und flog nach Deutschland.

Aber Frau Bauer schüttelte bedauernd den Kopf.

»Ich habe kein für Sie passendes Kind. Solch einen Zufall wie beim ersten Mal gibt es nicht oft«, meinte sie
lachend und schlug vor, »versuchen Sie es bei anderen
Stellen. Nur Beharrlichkeit führt zum Ziel.«

Niedergeschlagen verließ Uta das Jugendamt. Sie telefonierte, hörte sich um und sprach bei anderen Jugendämtern vor. Dann der Hoffnungsschimmer: Ein fünf Monate alter Junge stehe eventuell zur Adoption. Die Untersuchungen für dieses Kind seien noch nicht abgeschlossen. »Der Großvater ist Epileptiker, aber der kleine Franzl ein goldiger kleiner Kerl«, lautete die wenig offizielle Darstellung.

Ein Telefongespräch mit der Pflegemutter ergab den dürftigen Bescheid:

»Der Kleine ist nicht in Ordnung.« Utas innere Stimme warnte: Finger weg. Da stimmt etwas nicht.

Sie machte sich auf zu einer Fahrt durch die Bundesrepublik. Sie sprach bei Heimen für ledige Mütter vor, bei Jugendämtern der verschiedenen Groß- und Kleinstädte, bei kirchlichen und privaten Institutionen. Überall lautete die Antwort ähnlich: keine Aussicht.

- Wir haben nicht einmal Kinder für Leute in Deutschland.

- Sie haben doch schon ein Adoptivkind.

- Ohne Pflegeerlaubnis unmöglich.

Die freundlichste Antwort lautete:

»Ich bewundere Menschen, die Kinder adoptieren, aber helfen kann ich trotzdem nicht.« Jetzt hatte Uta endgültig begriffen, wie aussichtslos es war.

Niedergeschlagen sprach sie erneut bei Frau Bauer vor und berichtete ihr von der Hoffnungslosigkeit.

»Können Sie uns nicht vielleicht doch helfen«, bat sie.

»Erinnern Sie sich, dass Mona damals darum gebeten hat, ihre Felizitas möge nicht ohne Geschwister aufwachsen?«

»Ich will sehen, was ich für Sie tun kann. Melden Sie sich, wenn Sie im Heimaturlaub wieder hier sind«, versprach Frau Bauer.

*

Abschätzend betrachtete Christine den Inhalt des Wäschekorbes. Noch etwa eine Stunde Bügelarbeit, kalkulierte sie und schaute zur Uhr. Sie strich Peterchens Kordhose glatt und nahm sich Julios Hemd vor. Er liebte es, wenn seine Hemden tadellos gebügelt waren. Ja, Julio war eitel. Christine erinnerte sich an den feschen Mann, der den Laden betrat, in dem sie als Verkäuferin arbeitete, und eine Schallplatte verlangte.

»Welche Art Musik soll es sein?«, hatte sie ihn gefragt. Er aber starrte sie nur an und murmelte: »Irgendeine, die Ihnen gefällt.« Noch an diesem Abend gingen sie zusammen aus. Julio erzählte von seiner Heimatinsel Sizilien, von seiner Familie und seinem Heimweh. Einen Monat später zog er zu Christine und ihrem dreijährigen Sohn Peterle. Es war eng in der kleinen Wohnung, aber Christine war glücklich. Julio war ihr fast wie ein Ehemann. Er brachte ihr seinen Lohn nach Hause, verwöhnte sie und liebte Peterle wie einen eigenen Sohn. Zwei Dinge allerdings blieben tabu für Julio: Christine auch nur in Kleinigkeiten häusliche Arbeiten abzunehmen und von Ehe zu sprechen. Und Christine war klug genug, diese Themen nicht zu berühren. Jetzt aber würde alles anders werden, hoffte sie. Jetzt, da sie schwanger war, würde er nicht mehr zögern, sie zu heiraten. Dann wären sie endlich eine richtige Familie. Von Kindheit an war es Christines sehnsüchtiger Wunsch, eine Familie zu haben. Den Vater hatte Christine nicht gekannt. Nie hatte die Mutter von ihm gesprochen. Als dann kein Geld mehr da war, gab die Mutter sie ins Waisenhaus. Christine liebte die Schwestern und vertrug sich gut mit den anderen Kindern. Dennoch blieb sie einsam. Glücklich war sie immer dann, wenn sie sich mit ihrem Malblock in eine Ecke zurückziehen konnte. Dann zauberte sie mit Buntstiften ihre eigene Welt. Als sie älter wurde, imponierte sie ihren Freundinnen mit ihrem Maltalent, auf das sie sehr stolz war.

Mit 14 Jahren erlernte sie den Beruf der Säuglingsschwester. Sie arbeitete in einer Familie, ertrug es aber nicht, die nahe Mutter-Kind-Beziehung zu erleben. Sie suchte sich eine Stelle in einem Kinderkrankenhaus. Mit 20 Jahren verliebte sie sich in Bruno. Eine Zeit lang genoss sie Liebe und Geborgenheit. Dann wurde sie schwanger, und Bruno verschwand. Christine war verzweifelt, sie schwor, nie wieder einen Mann zu lieben, und verschwendete all ihre Gefühle an Peterle. An ihm sollte sich ihr Schicksal nicht wiederholen. Sie fand eine Stelle als Verkäuferin in einem Musikgeschäft. Bei einer alten Nachbarin konnte sie Peterle tagsüber für wenig Geld lassen, bis er einen Platz in einer Tagesstätte bekam. Mit Julio veränderte sich Christines Leben. Sie hatte Vertrauen zu ihm, ein Gefühl, das ihr bislang fremd war.

Christine räumte die Bügelwäsche weg und begann, das Abendessen vorzubereiten. Bald würden Julio und Peterle müde und hungrig vom Sportplatz kommen. Schon hörte sie ihren Sohn mit den Fäusten an die Tür hämmern.

»Mach auf, Mami«, rief er mit seiner hellen Stimme und fiel seiner Mutter lachend um den Hals, als kehre er von einer langen Reise zurück. »Wir haben Fußball gespielt, richtig mit Tor und so. Stimmt's, Julio?«

Christines Herz schlug schneller vor Freude, und voller Liebe betrachtete sie die beiden Menschen, die für sie alles bedeuteten.

»Heute Abend sage ich es ihm«, nahm sie sich vor und deckte den Tisch.

»Peter wird ein guter Sportler«, sagte Julio anerkennend. »Er hat für sein Alter schon erstaunlich viel Ausdauer. Wenn er zur Schule kommt, sollten wir ihn in einen Sportverein geben.«

Christine hatte nur abwesend genickt. Sie war mit ihren Gedanken nicht beim Sport.

»Julio, was sagst du dazu, dass du Vater wirst?«, fragte sie ohne Übergang.

»Vater? Ich?«

»Freust du dich? Das Kind wird deine schwarzen Locken und feurigen Augen haben.« Vielleicht wird es diesmal ein Mädchen«, malte sie sich aus und vergaß jede Vorsicht. »Sollten wir nicht heiraten?«

»Vater? Vater«, wiederholte Julio, als probe er die neue Rolle.

»Ja Vater, Julio, ich bin so glücklich«, Christine strahlte und küsste ihn ausgelassen wie ein Kind auf die Stirn, die Nase, die Wange, dann aber verführerisch wie eine Frau. Seine Verwirrung fiel ihr bei ihrem Glück nicht auf.

Am nächsten Morgen erzählte Christine es allen:
»Ich bekomme ein Baby. Julio und ich werden heiraten. Wir werden eine richtige Familie sein.« Diese drei Sätze erfüllten ihr Denken. »Wir werden eine richtige Familie sein«, sagte sie sich noch auf dem Heimweg vor und fasste Peterles Händchen fester.

»Glaubst du, Julio geht mit mir nachher noch zum Sportplatz?«, fragte der Junge noch ganz erfüllt von seinem gestrigen Vergnügen.

»Vielleicht, wenn er nicht zu spät kommt«, versprach Christine.

Aus dem Sportspaß wurde nichts. Julio war noch nicht zu Hause, als es Bettzeit für Peterle war. Und als Christine zu Bett gehen wollte, kam Julio immer noch nicht. Da erst schaute sie im Schrank nach. Julio hatte alles mitgenommen, was ihm gehörte. Für Christine blieb die Welt stehen. Ihr Traum von einer richtigen Familie zerbarst. Wie betäubt lief sie durch die Wohnung. Sie suchte eine Antwort auf die Frage: Warum ist Julio heimlich gegangen? Warum hat er zwei Jahre Glück und Harmonie einfach vernichtet? Christine glaubte, an diesen Fragen zu ersticken.

Am nächsten Morgen nahm sie ihren Sohn bei der Hand und ging mit ihm zu den Schwestern, die ihr in der Kindheit die Familie ersetzt hatten. Wie ein Kind weinte sie sich bei Schwester Wiltrudis aus. Und die Schwester versuchte alles in ihrer Macht stehende, sie zu beruhigen, tröstete sie, sprach ihr Mut zu und erinnerte sie daran, dass sie Peterle zuliebe vorausschauen müsse. Zum Schluss betete sie mit ihr. Und doch wusste sie, dass sie der jungen Frau nicht wirklich helfen konnte. Was sie verloren hatte, konnte ihr im Augenblick niemand ersetzen: Liebe, Geborgenheit und Vertrauen.

In Christine entstand eine Leere. Sie weigerte sich, zur Kenntnis zu nehmen, dass Leben in ihr wuchs. Sie machte sich nicht einmal klar, für wann die Geburt erwartet wurde.

Sie lebte von einem Tag zum anderen. Ihre Arbeit zu Hause und im Laden verrichtete sie mechanisch. Allein vor ihrem Sohn versuchte sie, ihre Trauer zu verheimlichen. Doch es schien, als würde der kleine Junge Rücksicht nehmen auf den Kummer seiner Mutter. Er fragte nicht mehr nach Julio, nachdem Christine ihm in scharfem Ton erklärt hatte, Julio sei in seine Heimat zurückgefahren und würde nie wiederkommen. Nur wenn Peterle andere Jungen beim Fußballspiel sah, schaute er traurig, dann spürte er den Verlust des Mannes, der für ihn der Vater war.

Die Schwangerschaft verlief so problemlos, dass Christine sie in den ersten Monaten oft ganz vergaß. Erst als das Kind sich immer öfter und heftiger bewegte, wurde sie daran erinnerte, dass es irgendwann auf die Welt kommen würde. Schwester Wiltrudis beobachtete mit Sorge, dass Christine sich keine Gedanken darüber machte, was nach der Geburt geschehen sollte. So riss sie Christine eines Tages aus ihrer Gedankenlosigkeit:

»Wie willst du dich einrichten, wenn das Baby geboren ist?«

»Darüber habe ich mir noch keine Gedanken gemacht«, gab Christine zu. »Für mich existiert dieses Wesen nicht.

Ich empfinde ihm gegenüber nichts. Und würde ich etwas empfinden«, stieß sie wütend hervor, »wäre es Hass. Denn wäre es nicht, hätte Julio mich nicht verlassen.«

»Du weißt, es ist Sünde, was du da aussprichst«, ermahnte sie Schwester Wiltrudis. Christine zuckte nur die Achseln und meinte lakonisch:

»Ich stecke es in ein Heim. Warum soll es dem Kind besser gehen als mir.«

»Christine!«

»Was soll ich denn machen? Sie wissen sehr gut, Schwester, dass ich mit Peter kaum von dem leben kann, was ich verdiene.«

»Hast du dir mal überlegt, das Kind zur Adoption zu geben?«

»Nein, daran habe ich nicht gedacht.«

Dieser Gedanke setzte sich in ihr fest, nahm Gestalt an. Er schien ihr der beste Ausweg. Sie brauchte das Kind nur zur Welt zu bringen und war im gleichen Augenblick von seiner Last befreit. Zumindest hatte ihr das die Frau vom Jugendamt so dargestellt.

Noch immer machte Christine sich keine Gedanken um den Geburtstermin. Sie fragte nicht den stets kurz angebundenen Arzt. Und sie war überrascht, als die Wehen während der Arbeit einsetzten, sich in kurzer Zeit steigerten, so dass sie sofort ins Krankenhaus gebracht werden musste. Ohne sich zu beherrschen, ließ Christine die Geburt über sich ergehen. Sie schrie und weinte und schloss die Augen, als alles vorüber war. Die Frage: »Wie soll das Mädchen heißen?«, beantwortete sie nicht.

Die Hebamme schaute auf den Wandkalender: 12. August, Namenstag der heiligen Klara. Sie schrieb »Klara« in die Spalte für den Vornamen.

*

Die Wochen vor dem Heimaturlaub waren stets mit Spannung und Vorfreude verbunden. Aber diesmal war der Gedanke: ›Werden wir zu viert aus diesem Urlaub zurückkommen?‹ ausgeprägter als alle anderen Gefühle. Uta packte einen kleinen Koffer nur mit Babysachen, der hoffentlich geöffnet werden würde.

Es gab Tage, da war Uta ganz sicher, dass Frau Bauer ein Baby für sie finden würde. Dann wieder überkam sie Hoffnungslosigkeit, und sie war versucht, den Babykoffer gar nicht mitzunehmen. So ausgestattet und vorbereitet zu sein, schien ihr das Schicksal herauszufordern. Auch wagte sie es nicht, Francis auf ein Geschwisterchen vorzubereiten.

Deutschland begrüßte die Heimkehrer mit Kaiserwetter. Die Septembersonne bewies, dass nicht nur Mexiko ein wunderbares Klima hat.

Noch bevor die Müdigkeit der langen Reise und die lästige Zeitumstellung überwunden waren, klopften Chris und Uta mit Francis bei Frau Bauer an. Und die empfing sie mit den Worten:

»Da sind Sie ja endlich. Ein kleiner Junge wartet auf Sie.«

Chris und Uta konnten es nicht glauben. Der Kleine hieß Rolf, war am 4. September geboren und wurde gegenwärtig von Nonnen in einem Waisenhaus betreut. Mit einem Besucherschein ausgestattet fuhren sie gleich in das Heim. Francis musste sich bei der Schwester an der Pforte die Zeit mit Malen vertreiben.

Wie damals bei Francis saßen Uta und Chris mit zitternden Knien im Besucherzimmer und warteten auf Rolf. Er war erst drei Wochen alt und viel kleiner als Francis damals. Er wirkte sehr zart, fast durchsichtig. Sein Köpfchen war mit einem dünnen dunklen Haarflaum bedeckt, und die Augen, die er für einen Augenblick öffnete, waren graugrün. Uta und Chris verliebten sich auf den ersten Blick in »ihren kleinen Sohn« und hätten ihn am liebsten gleich mitgenommen. Aber die Schwester dämpfte ihre Ungeduld mit der Bemerkung:

»Holen dürfen Sie ihn noch lange nicht.«

Glückselig erzählten sie Francis vom Brüderchen und überschwänglich verkündeten sie Freunden und Verwandten:

»Wir bekommen einen Sohn.«

Frau Bauer versprach, alles zu unternehmen, damit sie Rolf so bald wie möglich in Pflege nehmen könnten. Welch ein Auftakt für den Urlaub war das. Kurz entschlossen machten Chris und Uta sich mit ihrer kleinen Francis auf, die geplanten Verwandtenbesuche zu absolvieren. Denn später würden sie ihre Elternfreuden genießen wollen.

Für Francis, die kleine Reisetante, war die Rundreise zu Onkel und Tante, zu Omi und Opa, zu Oma und Großvater viel aufregender als das in Aussicht gestellte Brüderchen Rolf. Ein besonderes Fest war für sie der Besuch bei den Großeltern in Wien. Opa war stets zu Dummheiten aufgelegt. Er zeigte ihr, wie man lustige Fratzen schnitt und ließ sie beim Stadtbummel unermüdlich auf seinen Schultern reiten. Aber all das verblasste nach dem Besuch im Prater. Was Prater bedeutete, wusste Francis schon aus zahlreichen Geschichten, die Mami ihr erzählt hatte. Ihn jedoch zu erleben, war unvergleichlich schöner. Francis wusste kaum, wo sie zuerst hinschauen sollte, zu den Männern mit den riesigen Luftballonsträußen, zu denen, die Zuckerwatte anboten, dem Musikanten mit dem Äffchen auf der Schulter, den Buden voller Spielsachen oder dem Kasperletheater. Alles war atemberaubend, bis sie zu dem Karussell kamen, das von lebenden Ponys gezogen wurde. Nie hätten diese Runden enden dürfen. Allein das Versprechen: »Wir gehen morgen wieder zum Prater«, konnte Francis dazu bewegen, sich von Pony und Wagen zu trennen.

Nur Uta war nicht immer mit den Gedanken bei der Sache. Sie sehnte den Tag herbei, an dem Frau Bauer sagen würde : »Sie dürfen Rolf zu sich holen.«

Mitte Oktober waren sie wieder in München, und natürlich führte sie ihr erster Weg ins Waisenhaus. Aber die Nonne schüttelte bedauernd den Kopf.

»Ich kann Ihnen den Jungen nicht bringen. Seine Mutter ist bei ihm.«

»Was hat das zu bedeuten?«, fragte Uta angstvoll. »Hat die Mutter etwas über die Adoption gesagt?«

Die Schwester verneinte und bot an:

»Soll ich Sie ins Besucherzimmer führen, damit sie die Mutter ohne ihr Wissen anschauen können?«

Abwehrend hob Uta die Hände.

»Nein, lieber nicht. Wir wollen unserem Kind unbelastet gegenüberstehen. Das Bild der Mutter würde sich immer wieder zwischen uns und das Kind schieben.«

Uta hat später oft über diese spontane Reaktion nachgedacht. Sie war sich nicht mehr sicher, ob dieses Bild sich einst störend ausgewirkt hätte.

Die Nonne versprach, die Mutter auf die Adoption anzusprechen. Mehr konnte sie im Augenblick nicht tun.

»Kommen Sie in zwei Stunden wieder«, schlug sie vor.

Zwei lange Stunden. Francis schlief auf dem Rücksitz des Autos, während Chris und Uta ziellos durch die Stadt fuhren, schweigend in Gedanken eingesponnen, die sie nicht auszusprechen wagten. Auch die von Hoffnungslosigkeit und Zweifeln voll gepackten Stunden gingen vorüber. Die Nonne empfing Uta und Chris schon an der Tür mit der guten Nachricht:

»Die Mutter ist fest entschlossen, ihr Kind zur Adoption zu geben. Ihr bleibt keine andere Wahl. Sie ist unverheiratet und hat die Schwangerschaft vor ihren Eltern verheimlicht.«

»Gott sei Dank«, entschlüpfte es Uta, dafür empfing sie einen strafenden Blick der Nonne und zugleich die verfängliche Frage:

»Sie sind doch katholisch?«

Uta schüttelte den Kopf.

»Nein, wir sind evangelisch.«

»Beide?«

»Ja, beide.«

»Dann glaube ich nicht, dass Sie den Kleinen bekommen. Die Mutter besteht auf katholischen Eltern für ihr

Kind. Außerdem nehme ich an, dass Rolf in ein Krankenhaus verlegt wird. Es zeichnet sich ein Leistenbruch bei ihm ab.«

Niedergeschlagen, ja mutlos verließen Uta und Chris das Heim. Sie wussten nicht, was sie mehr fürchten mussten, den Gesundheitszustand des Kleinen oder die Glaubensfrage der Mutter.

Es war gut möglich, dass die Nonne die Mutter ermahnen würde, unnachgiebig zu sein. Aber alle Grübelei war vergebens. Sie mussten warten, was sie von Frau Bauer hörten.

Während der nächsten Tage vermieden Chris und Uta es, von Rolf zu sprechen, obwohl er ständig durch ihre Köpfe geisterte. Zum Glück fragte Francis nicht nach dem Brüderchen. Sie war glücklich, wenn sie mit Papi Schwäne am See füttern oder in den hoch gehäuften Laubbergen toben durfte. Ein Spiel, das ihr nie langweilig wurde.

Übergangslos hielt der Winter Einzug. Zu Francis´ Freude waren eines Morgens Haus und Garten weiß zugedeckt. Allerdings bedeutete dies das Ende der Spiele in den Laubhaufen.

Es reihte sich Tag an Tag. Von Frau Bauer kam keine Nachricht. Sie wartete immer noch auf das klärende Gespräch mit der Kindsmutter. Endlich war es soweit. Die Mutter hatte Uta und Chris als Adoptiveltern für ihren Sohn akzeptiert. Der administrative Teil der Adoption konnte in Angriff genommen werden. Die Drei-Monatsfrist allerdings musste eingehalten werden. Und das bedeutete, sie konnten das Kind nicht vor dem 5. Dezember bekommen. Uta und Chris freuten sich wieder auf Rolf. Jetzt aber verhaltener, innerlich bereit, einen Rückschlag hinzunehmen.

Auch der Winter passte sich der hoffnungsfrohen Stimmung an. Er zog sein verfrühtes Erscheinen zurück, und die Herbstsonne wärmte wieder ein wenig. Jetzt bekamen Uta und Chris die Erlaubnis, Rolf dreimal in der Woche zu besuchen. Die Zeit war knapp bemessen, aber sie reichte, den Kleinen auf dem Arm zu halten, ihn zu betrachten, zu wiegen und zu streicheln.

Vor Francis sprachen sie wieder von einem Bruder. Und der spielte nun eine Rolle in ihrer Phantasiewelt. War sie weich gestimmt, dann ersann sie, was sie mit diesem Brüderchen spielen wollte. Packte sie jedoch der Zorn, überlegte sie laut, ob es ratsamer wäre, Brüderchen in die Toilette oder auf den Müll zu werfen.

Bei der nächsten Besuchszeit erfuhren Uta und Chris schon an der Pforte:

»Rolf ist nicht mehr im Waisenhaus, er wurde ins Krankenhaus verlegt. Die Leistenbruchoperation war notwendig geworden.«

Uta erschrak, aber Chris tröstete sie:

»Leistenbruch ist keine große Sache.«

Wieder hieß es warten. Bis endlich Frau Bauer anrief. Chris war am Apparat. Angstvoll versuchte Uta in seinem ernsten Gesicht zu lesen.

»Das ist eine große Enttäuschung«, hörte sie ihn sagen, »dann ist wohl nichts zu ändern.«

Mehr brauchte Uta nicht zu erfahren. Rolf war zum Wunschbild geworden, das nun zerfloss.

Chris bedankte sich bei Frau Bauer und versprach, gleich morgen zu kommen. Aber Uta registrierte die Worte nicht, sie wollte nur wissen, was mit Rolf geschehen war.

»Der operierende Arzt hat in der Krankenakte der Mutter gelesen, dass diese Epileptikerin ist, allerdings vor einem Jahr den letzten Anfall hatte. Diese Angaben leitete der Arzt an das Jugendamt weiter. Damit ist eine Adoption so lange ausgeschlossen, bis der Gesundheitszustand des Kindes restlos geklärt ist. Und das kann lange dauern. Wir sollen in jedem Fall morgen zu Frau Bauer kommen.« Uta und Chris klammerten sich an die letzte Hoffnung. Sie wollten Rolf trotz seiner Krankheit nehmen. Und sie waren bereit zu warten, bis alles geklärt wäre. Aber Frau Bauer wollte von all dem nichts wissen.

»Bestehen Sie auf einem Jungen?«, fragte sie.

»Bestehen? Wir bestehen auf gar nichts«, entfuhr es Uta. Frau Bauer schmunzelte verschmitzt und zog eine Akte hervor.

»Ich habe Sie zu mir gebeten, weil ich ein kleines Mädchen für Sie vorgesehen habe. Sie heißt Klara, ist am 12. August – einen Monat zu früh – geboren. Ihre Mutter . . .«

»Klara«, Uta lachte laut auf. Dieser Heiterkeitsausbruch war ganz und gar unangebracht, ihr aber bedeutete er ein Ventil, war ihr Erleichterung und Angst zugleich.

Im selben Besucherzimmer, in dem sie erst kürzlich mit Rolf Freundschaft geschlossen hatten, warten sie jetzt auf Klärchen, wie sie das Kind schon nannten.

»Ich fühle mich schlecht«, flüstert Uta Chris zu. »Mir ist, als verraten wir Rolf, überlassen ihn seinem Schicksal, weil

er nicht makellos ist, und nehmen jetzt ein anderes Kind.«
»Unsinn, du weißt genau, dass es nicht unsere Schuld ist«, weist Chris sie zurecht.
»Ich weiß, es ist auch nur die Aufregung, die ich kaum beherrschen kann«, gibt Uta zu.
Als Uta die kleine Klara entgegennimmt, streiten in ihr Freude und Angst. Fest umklammert sie das weiße Päckchen, das sie am liebsten nicht wieder loslassen möchte. »Klärchen«, flüstert sie, die aber öffnet die Augen nicht, dafür bewegt sie in gleichmäßigem Rhythmus den Schnuller. »Klärchen«, wiederholt Uta und hofft, das Baby möge sie wenigstens einen Moment anschauen. Aber sie ist nicht dazu bereit. Uta prägt sich jede Linie dieses pausbäckigen Babygesichtes ein, das kecke Stupsnäschen, die drei Grübchen, die Stirn, auf der Schweißperlen glänzen, und die dünnen Haare, die an der Haut kleben. Klärchen schmatzt und saugt immer schneller an ihrem Schnuller, ihr Atem geht rasselnd. Dann stößt sie den Sauger aus dem Mund und beginnt kläglich zu weinen, ohne die Augen zu öffnen.
»Klärchen ist krank«, stellt Uta fest und schaut Hilfe suchend zu Chris. »Sieh nur, wie sie schwitzt, wie mühsam sie atmet.« In ihrer Not rufen sie Schwester Barbara. Wortlos nimmt sie ihnen das Kind ab und verschwindet. Uta weint.
»Lass uns gehen, auch Klärchen wird nicht unser Kind werden.«
Nicht einmal der gut gemeinte Trost von Chris, Klärchen sei wahrscheinlich nur erkältet, half Uta aufzuheitern. Sie wollte nicht an eine Erkältung glauben, sie wollte gar

nichts glauben, gar nichts hoffen, nicht mehr über ein zweites Kind sprechen. Selbst der Anruf von Frau Bauer, der ankündigte, die entsprechenden Schritte würden in die Wege geleitet, gab Uta die Hoffnung nicht zurück. Sie kümmerte sich mehr als sonst um Francis und begann mit den ersten Vorbereitungen für die Rückreise nach Mexiko. Sie packte den Babykoffer, den sie in ihrer Vorfreude auf Rolf schon ausgepackt hatte. Uta schloss gerade den Deckel, als Frau Bauer anrief und mitteilte:

»Es ist alles in Ordnung. Klaras Mutter war bei mir und hat die notwendigen Unterschriften geleistet. Sie können die Kleine sofort in Pflege nehmen.«

Mit einem Schlag war Uta wieder voller freudiger Spannung.

»Morgen«, trällerte sie, »morgen holen wir Klärchen.«

Singend packte sie die Babysachen wieder aus, legte alles bereit und kaufte Milchpulver, Öl, Puder und Creme. Klärchen konnte kommen.

Am nächsten Morgen ließen Chris und Uta ihre Francis bei der Nachbarin, um sich ganz dem Einzug von Klärchen widmen zu können. Schwester Barbara übergab Klara den neuen Eltern mit vielen guten Ratschlägen. Es war ihr anzumerken, dass das stupsnasige Baby ihr ans Herz gewachsen war.

»Und vergessen Sie nicht, ihr den Schnuller zu geben. Ohne Schnuller ist Klara unglücklich«, mahnte sie und strich ein letztes Mal zart über die Babybäckchen, bevor sie ihr Schutzbefohlenes mit den Eltern ziehen ließ. Und jetzt konnte Uta sehen, dass Klärchen die gleichen dunklen Augen wie Francis hatte.

*

Teddy erzählt:

Manche Tage sind schon von früh an kribbelig. So war es auch an diesem 19. November. Draußen war es noch dunkel, da standen Mami und Papi schon auf und verbreiteten eine ähnlich ungemütliche Stimmung wie vor der langen Reise im Flugzeug. Koffer standen jedoch nicht herum. Auch Francis hatte mir nichts davon erzählt, dass wir endlich wieder nach Hause reisen würden. Nun, ich musste mich wohl getäuscht haben, wenn ich glaubte, dass sich heute etwas Besonderes ereignen würde.

Mami zog Francis warm an und brachte uns zu der alten Frau Priem, die nur wenige Häuser weiter wohnte. Oh, Wunder, Francis nahm mich mit.

Francis liebte »Tante Prie«, wie sie sie nannte. Und Mami hörte ich sie einen Engel nennen. Aber nach Mamis Christkindgeschichten schweben Engel und gehen nicht schwer am Stock. Sie haben rosige Backen und goldenes Haar und sehen nicht runzelig und grau aus. Tante Pries' Augen allerdings strahlten so, wie ich mir Engel vorstelle.

»Fein, dass du den Teddy mitgebracht hast. Bislang hast du ja immer nur von ihm erzählt«, sagte Tante Prie zur Begrüßung und betrachtete mich aufmerksam, auch meine geflickten Pfoten und den steif angenähten Hals. Ich glaube, Tante Prie hätte mich kunstvoller kuriert. Francis hingegen schenkte mir keine Beachtung mehr. Sie ließ mich auf einem Sessel liegen und stand ungewöhnlich sittsam vor einer bunt bemalten Porzellandose, bis Tante

Prie den Deckel abnahm, damit Francis sich zwei Bonbons aussuchen konnte. Dann war Francis nicht mehr zu halten. Ausgelassen wirbelte sie durch das Wohnzimmer. Es war erstaunlich, dass sie dabei nicht eine Vase, Figur oder Stehlampe umriss. Sie schäkerte mit Lola, dem Papagei, und alberte mit Och, dem schwarzen Kater, auf dem Sofa herum. Dann nahm Tante Prie ein Märchenbuch zur Hand und las daraus vor. Ihre Stimme klang so zart und leise, dass ich darüber einschlief. Ich war noch immer schläfrig, als Francis mich unsanft packte, sich von Tante Prie verabschiedete und an Papis Hand auf den Heimweg machte. Dabei sprachen die beiden ununterbrochen miteinander, als teilten sie ein Geheimnis. Sie liefen immer schneller, rannten dann sogar die Treppe hinauf, und Francis donnerte ungeduldig mit den Fäusten an die Wohnungstür. Mami empfing sie so strahlend, wie sie aussieht, wenn sie zu Weihnachten die Tür zur Bescherung öffnet.

»Wo ist sie?«, rief Francis. Mami führte sie zu einem Körbchen. Francis starrte auf das schlafende Baby, legte das Kinn auf den gepolsterten Rand des Korbes und ließ die Arme in das Innere baumeln. Eine Weile stand sie ganz still. Dann fragte sie:

»Und das Klärchen gehört mir? Mir ganz alleine?«

»Ja, es gehört dir«, sagte Mami, »aber nicht ganz alleine. Klärchen gehört uns allen, so wie ich dir gehöre, du uns gehörst, so gehört Klärchen dir und uns, uns allen.« Francis' Hände wanderten über das Babygesicht, über die runden Bäckchen, die Nase, die Stirn. Sie berührte die Augenlider und freute sich, dass Klärchen die Augen öffnete und lächelte. Der Schnuller glitt ihr aus dem Mund. Francis griff nach dem ihr unbekannten Gegenstand, leckte daran und warf ihn in das Körbchen zurück. Mich, ihren liebsten Teddy, hatte sie restlos vergessen. Und ich fragte mich: Was bedeutet dieses lebende Spielzeug und stupste Francis mit der Schnauze an. Sie verstand mich und ließ mich in das Körbchen schauen. Dabei drückte sie mich so fest, dass sich mir das Fell sträubte.

»Teddy, erinnere dich, ich habe dir von dem Brüderchen erzählt. Aber Brüderchen ist nun ein Schwesterchen und heißt Klärchen.« Hier stockte sie. »Aber ich sehe schon, ich will es nicht«, fuhr sie dann fort. »Es liegt da in dem Korb, kann nicht sprechen, nicht laufen, wedelt nur mit den Händen. Rausnehmen darf ich es auch nicht, hat Mami gesagt. Was soll ich dann damit anfangen?« Wieder machte Francis eine Pause, als denke sie nach. »Aber du Teddy, du gehörst mir«, sagte sie mit Nachdruck. »Dich habe ich viel lieber als Klärchen.«

Damit war ich zufrieden, sehr zufrieden sogar. Also hatte ich doch das richtige Gefühl gehabt, es war ein besonderer Tag.

Am Nikolaustag flogen wir nach Mexiko zurück. Klärchen nahmen wir natürlich mit. Wenn ich es richtig begriffen hatte, dann spielte Klärchen jetzt die gleiche Rolle für Mami und Papi wie Francis. Welche Rolle sie allerdings bei mir und Francis spielen würde, das müsste sich erst noch herausstellen.

Francis feierte ausgelassen und glücklich Wiedersehen mit all den im Spielbord zurückgelassenen Tieren, mit ihrem Bett, mit der Sandkiste, die sie so sehr vermisst *hatte und mit der treuen Maria. Ihr erzählte sie von Deutschland, natürlich von den Ponys im Prater, vom Brüderchen, das nun ein Schwesterchen ist, von Omi und Opa, von Tanten und Onkel, vom Schnee und, und, und. Maria ließ den Redeschwall in der ihr fremden Sprache geduldig über sich ergehen, ohne jedoch an den wunderbaren Ereignissen teilhaben zu können.*

Im Gegensatz zu Francis liebte Klärchen den Laufstall. Auf dem Rücken liegend, betrachtete sie das weiche Pferdchen aus rotem Wachstuch, drehte es in den Händen. Zwischendurch legte sie ein Nickerchen ein. Aber wenn es Zeit war fürs Fläschchen, wurde sie laut und brachte sich energisch in Erinnerung, Und wehe, Mami ließ sie warten. Francis hatte Klärchen als Schwester anerkannt, obwohl sie immer noch nicht einsehen wollte, was sie mit solch einem nutzlosen Wesen anfangen sollte. Zunächst war es für Francis spannend, auch Baby zu spielen. Sie bestand darauf, eine Windel zu tragen. Und ihr Milchbecher fiel unerklärlich oft um.

»Wenn ich aus einem Fläschchen trinken würde, passierte das sicher nicht so oft«, meinte sie und fand es wunderbar, wenn Mami sie ebenso fütterte wie Klärchen. Nur das fremdartige Ding Schnuller, das Francis' Neugier ganz besonders angezogen hatte, hatte seine Anziehungskraft längst eingebüßt. Auch Klärchen verschmähte, was ihr im Waisenhaus unentbehrlich war. Schnuller und Waisenhaus gehörten der Vergangenheit an.

Das neue Jahr brachte für Francis und mich eine Umstellung.

»Nun bist du unsere Große«, erklärte ihr Mami eines Tages, »und sollst mit großen Kindern spielen.« Das war der Auftakt zum Kindergarten. Noch ahnte ich nicht, dass dies der erste Schritt von mir weg, hinaus ins Leben war. Am ersten Tag nahm sie mich noch mit, »für alle Fälle«, wie sie mir ins Ohr flüsterte. Aber schon am nächsten Tag ließ sie mich zu Hause. Sie erzählte mir zwar, was sie alles im Kindergarten gelernt hatte, sang mir die Lieder vor und vertraute mir an, mit wem sie sich gezankt hatte und dass Lurgo ihr bester Freund war. Eines Tages kam sie weinend nach Hause. Lurgo hatte ihr gesagt:

»Du hast keine Hosen an, du darfst nicht auf den Spielbaum klettern.«

Mami hatte eine Lösung: Sie holte die rote Lederhose hervor, die sie in Deutschland für ihre Range gekauft hatte. Ab sofort brauchte Francis sich das Klettervergnügen im Kindergarten nicht mehr entgehen zu lassen. Noch etwas lernte Francis im Kindergarten – den Unterschied zwischen Jungen und Mädchen. Voller Bewunderung hatte sie beobachtet, wie Lurgo im Stehen Bächlein machte. Und das probierte Francis aus. Mit an den Füßen hängendem Höschen und nassen Beinen kam sie beschämt zu Mami.

»Ich wollte Bächlein machen wie Lurgo. Warum geht das bei mir nicht?«, fragte sie empört.

Im Februar wurde Klärchens Taufe gefeiert. Süß sah sie aus in dem langen Kleid, in das Mami über den Namen »Franziska 1967« »Klara 1970« gestickt hatte. Klärchen verhielt sich ganz still, während der Pfarrer die

*Taufe zelebrierte und ihr den Spruch mit auf den Lebens-
weg gab: Nun bleiben Glaube, Hoffnung und Liebe, aber
die Liebe ist die Größte unter ihnen.*

*Klärchen war inzwischen ein halbes Jahr alt und noch
immer nicht so lebhaft wie Francis damals. Nur zögernd
entschloss sie sich zu sitzen. Von Kissen gestützt, thronte
sie in der Sofaecke. Es war ihr anzusehen, dass ihr diese
Stellung unbehaglich war. Francis jedoch klatschte vor
Freude in die Hände. Endlich schien die Schwester doch
menschlich zu werden.*

*Um diesen Fortschritt zu würdigen, holte Francis ein Buch
herbei und begann mit ernster Stimme Klärchen »vorzu-
lesen«, ohne auch nur mit einer kleinen Aufmerksamkeit
belohnt zu werden. Wütend schlug sie das Buch zu und
beschwerte sich bei Mami:*

»Klärchen ist undankbar.«

*Von dem Tag an erwachte in Franics die Eifersucht. Sie
reagierte wütend, wenn Klärchen ein dickes Knuddelbaby
genannt wurde, und war neidisch, wenn sie sich mit sicht-
barer Wonne von Mami drücken und küssen ließ. Dabei
hasste Francis es, wenn Mami sie auch nur kurz in den
Arm nahm. In ihrer Eifersucht steigerte Francis sich in
eine Phantasiewelt, in der sie mir die Rolle des Bösen
zuteilte. Sie verwandelte mich in einen Elefanten, der
Klärchen tot trampelte oder in einen Riesenvogel, der mit
Klärchen weit, weit wegflog. Aber das genügte ihr nicht.
In unbeaufsichtigten Augenblicken kniff sie ihre Schwester, die diese Angriffe mit durchdringendem Geschrei
beantwortete, als habe tatsächlich ein Elefant sie nieder-
getreten.*

Konnte Francis ihren Zorn nicht weiter an Klärchen aus-
lassen, war ich an der Reihe. Sie fütterte mich mit Ber-
gen von Sandkuchen, goss mir Wasser in die Schnauze
oder sie setzte mich auf den Gartenzaun, um mich dort zu
vergessen. Sie schimpfte mit mir, schlug auf mich ein, um
mich gleich darauf wieder herzlich zu drücken und zu
küssen. Oder sie schrie mir ins Ohr, welch böses, schmut-
ziges und unartiges Mädchen Klärchen werden würde.

Mami sah all das wohl, und es tat ihr weh, dass Francis
ihre kleine Schwester so wenig liebte. Deshalb tat sie ei-
nes Tages etwas Unüberlegtes. Francis kam aus dem Kin-
dergarten und fragte, wo Klärchen sei. Mami antwortete
leichthin:

»Ich habe sie einem Bettler an der Tür geschenkt.«
Francis erstarrte.

»Ist das wahr?«, schrie sie und brach in Tränen aus, be-
vor Mami sie in die Arme nehmen konnte und ihr versi-
cherte:

»Nein, es ist nicht wahr, es ist ein Scherz.«

Niemand hatte bemerkt, dass Klärchens erster Zahn
durchgekommen war. Aber Francis bekam es zu spüren.
Klärchen spielte mit einem roten Faden, steckte ihn in
den Mund. Das muss Francis geärgert haben. Sie wollte
den Faden herausziehen, schob ihren Finger in Klärchens
Mund, und die biss mit solcher Kraft zu, dass Francis
brüllend zu Mami lief und ihr den Bissabdruck des ersten
Schneidezahns zeigte. Erst ein darauf gelegtes Bonbon
konnte Francis beruhigen.

Mir schien, als habe dieses Erlebnis in Francis eine Wand-
lung hervorgerufen. Sie sah ihre Schwester jetzt mit an-

deren Augen. Ihr war bewusst geworden, dass sie mit ihr zu rechnen hatte. Viel zärtlicher ging sie auch jetzt nicht mit Klärchen um. Sie drückte und küsste sie zwar oft, rächte sich aber gleich darauf wieder mit einem kräftigen Schubs.

An dem Tag, als Klärchen ein Jahr alt wurde, erlebte ich eine atemberaubende Überraschung. Neben der Geburtstagskerze thronte – ich traute meinen Augen kaum – ein Teddy, genauso weich und kuschelig, wie ich einst war, genauso groß, mit Samtpfoten und einem Kopf, der sich in alle Richtungen drehen ließ. Die gleiche prächtige Schleife – auf die ich einst so stolz war – zierte auch ihn. Der einzige Unterschied zu diesem Teddybruder war, dass er ein helleres Fell hatte. Neidisch war ich, durch und durch neidisch. ›Warte Bursche‹, dachte ich, ›es wird nicht lange dauern, dann bist auch du so dunkel wie ich, hast Flecken und Flicken, bist geschunden und verlierst deine prächtige Schleife.‹ Aber mein Neid war unberechtigt. Dieser Teddy blieb sauber, er verlor weder Bein noch Arm und schon gar nicht den Kopf. Keine Pfote ist geflickt, seine Schnauze nicht abgewetzt und seine Knopfaugen sitzen noch an ihrem Platz. Allein die Schleife ist verschwunden. Und das heute noch – nach so vielen Jahren. Wieso? Er wurde nie recht beachtet, nicht rumgeschleppt, selten gedrückt, nicht verhauen und schon gar nicht in die Luft geworfen. Und nie wurde ihm ein Geheimnis zugeflüstert. Erzählen kann dieser Teddy heute kaum etwas. Zögernd stellte Klärchen sich auf die Beine, wagte aber die ersten Schritte und auch die nächsten nur an der Hand eines Erwachsenen. Nach und nach ließ sie die ersten

84

Worte hören, aber selten nur und sparsam. Die von ihr benutzen Wörter waren nie länger als einsilbig.

Leider machte uns Klärchen oft Sorgen. Immer wieder wurde sie krank. Die Ohren taten ihr weh, dann der Hals. Ein anderes Mal hustete sie. All diese Anzeichen wurden stets von hohem Fieber begleitet. Dann kam die nette Tante Doktor, die auch mir hin und wieder mit ihrer Lampe in die pelzigen Ohren leuchtete. Mami fand all das gar nicht lustig, sondern sie schaute sorgenvoll. Aber die Tante Doktor tröstete sie:

»Das wächst sich mit den Jahren aus.« Von alleine wuchs sich nichts heraus. Im Gegenteil, Klärchen kam ins Krankenhaus, die Mandeln wurden ihr herausoperiert. Klärchen muss sehr krank gewesen sein. Die Tante Doktor bestand darauf, dass die Kleine für längere Zeit in einer besseren Luft leben sollte. Deshalb brachte Mami sie zu ihren Großeltern, die auf dem Land weit, weit weg lebten. Ob Klärchen verstand, weshalb sie so lange ohne ihre geliebte Mami, Papi und Francis sein musste?

Für Francis endete der Spielkindergarten. Und voller Stolz sehnte sie den ersten »Schultag« herbei. Vorschule nannten sich die zwei Jahre, in denen die Kinder auf den Beginn der Schule vorbereitet wurden. Noch gab es keinen Schulranzen, wohl aber eine Frühstücksdose. Und Francis nahm ihre Aufgabe ernst, wenn sie jeden Morgen Maria Anweisung gab, was sie ihr einpacken sollte. Am liebsten war ihr ein Riegel Schokolade, ein paar Waffeln oder ein Brot mit Erdnussbutter, ein Apfel oder eine Birne.

Für mich brach mit Francis' Vorschulzeit eine neue und aufregende Zeit an. Täglich spielte sie mit mir Schule. So saß ich ganze Nachmittage lang auf einem Stuhl, ohne mich zu rühren. Bald schon reichte ich ihr nicht mehr als Schüler, und sie ging dazu über, mit all ihren Steifftieren eine Schulklasse aufzubauen. Das Schulespiel war der Auftakt zu immer neuen Rollenspielen. So wurde aus dem Kinderzimmer mal der Zoo, ein Supermarkt oder ein Kinderfest. Francis´ Phantasie kannte keine Grenzen.

Eines Tages war es dann so weit, meine Francis wurde ein richtiges Schulkind. Sie hatte sich einen roten Ranzen ausgesucht. Mami hatte für den ersten Schultag eine Zuckertüte gebastelt und mit Leckereien gefüllt. Francis freute sich mächtig darauf, ab sofort zu den »Großen« zu gehören. Bevor sie am Morgen mit Mami zur Schule fuhr, kam sie noch einmal zu mir, drückte mich ganz fest und flüsterte mir ins Ohr:

»Sei nicht traurig, Teddy.«

Natürlich war ich traurig. Denn jetzt würde meine Francis überhaupt keine Zeit und Lust mehr für mich haben. Ich nickte ein und wachte erst wieder auf, als Francis ihren Ranzen knapp neben mich in die Zimmerecke warf. Schon war sie wieder verschwunden. Gespannt wartete ich darauf, dass sie nach dem Mittagessen zu mir kam und von der großen Schule berichtete. Francis kam, aber sie beachtete mich nicht. Sie griff nach ihrem Ranzen, holte Heft und Stift heraus und begann auf der oberste Zeile des ersten Blattes ein I neben das andere zu malen. Ruck zuck war die Linie voll. Mami kam und begutachtete die erste Schularbeit ihrer kleinen Francis. Ich sah es ihr an, schön fand sie die unterschiedlich geneigten und verschieden großen Is nicht, aber sie schwieg.

So ging es fortan jeden Tag. Francis schien mich tatsächlich vergessen zu haben. Und ich weinte ein paar unsichtbare Teddytränen. Nach und nach musste Francis mehr Zeilen schreiben. Sie machte es im Handumdrehen. Mami schaute sich nach wie vor die Arbeiten an, ohne etwas zu sagen. Eines Tages dann kam Francis nicht wie gewohnt wie ein Wirbelwind ins Zimmer. Sie benahm sich so ruhig und gesittet wie eine Erwachsene, holte ihr Heft aus dem Ranzen, öffnete es, schlug es sofort wieder zu und starrte auf den dunkelgrünen Deckel. So saß sie noch, als Mami viel später nach ihr schaute und fragte:

»Na, Francis, was ist? Bist du fertig?« Francis schüttelte stumm den Kopf. »Was ist, mein Schatz?« Besorgt nahm Mami ihre Kleine in den Arm. Francis ließ es geschehen und brach in Tränen aus. Was da zwischen Mami und Francis gesprochen wurde, konnte ich nicht verstehen, aber ich war sehr neugierig zu erfahren, was meinem Liebling solchen Kummer machte. Als Mami und Francis das Zimmer verließen, blieb das Heft offen auf dem Tisch liegen. Ich warf einen Blick darauf und erschrak. Unter die Schlangenlinien der unterschiedlichen Is, Es und Us hatte die Lehrerin eine ekelhafte Fratze mit borstig abstehenden Haaren gekritzelt. ›Wenn das Schule ist‹, dachte ich, ›dann brauche ich wirklich nicht neidisch darauf zu sein, dass Teddys nicht zugelassen sind.‹

An diesem Abend nahm Francis mich seit vielen Tagen mal wieder mit ins Bett. Noch als sie einschlief, hielt sie mich fest an sich gepresst und murmelte:

»Schule macht mir Angst.« Und am Morgen jammerte sie. »Mami, mir tut der Bauch weh.«

Arme Francis, jetzt tat ihr immer öfter am Morgen der Bauch weh. Und mittags kam sie mit traurigem Gesicht nach Hause. Mami beschwerte sich in der Schule. Die hässlichen Fratzen tauchten nicht mehr in den Heften auf, aber Francis wurde nicht wieder die lustige kleine Range, die immer eine Spitzbüberei im Sinn hatte. Ich machte mir Sorgen und wünschte mir von Herzen, dass sie mich mal wieder vor lauter Übermut hoch in die Luft werfen würde. Nichts dergleichen geschah. Stattdessen hörte ich sie eines Tages – als Mami nicht zu Hause war – Maria fragen: »Was ist Bastard?«

»Ein Bastard?« Maria stellte das Bügeleisen ab. »Das sind die ekelhaften Hunde, die die Straßen so gefährlich machen. Hunde, die keiner ausstehen kann, die nirgends hingehören«, sagte sie voller Verachtung. Francis sagte nichts, sie nickte und schlich davon.

*

Jetzt heißt es, Abschied nehmen, die Sachen packen, um nach Madrid umzusiedeln, schreibt Uta im Juni 1975 in ihr Tagebuch. *Mexiko wurde uns eine zweite Heimat und die vergangenen neun Jahre waren von besonderer Bedeutung – die wunderbarsten meines Lebens. Die Kinderzeit mit Francis und Klärchen war voller Freude, Leben und menschlichem Sonnenschein. Sie ist zu einem Schatz geworden, den mir niemand nehmen kann.*

Mexiko wird sich für uns stets mit dem Begriff Adoption verbinden. Und beides ist abgeschlossen. Alles ist getan. Francis und Klärchen wissen, dass sie adoptiert sind. In Madrid weiß es niemand. Wir werden in aller Augen eine ganz normale Familie sein. Und das ist gut so. Uta zieht drei dicke Striche darunter. Setzt dann aber noch einmal an und schreibt: *Danke Mexiko!*

Staunend beobachteten die Kinder, wie der gesamte Hausrat in Kartons und diese in Kisten – groß wie Spielhäuser – verpackt wurden. Dann waren alle Räume leer, sie wirkten fremd und nackt. »Oll ist das Haus«, meinte Klärchen und starrte auf den Fleck, wo bislang ihr Bett gestanden hatte.

Es gab viele Abschiedsfeste. Und Francis geriet völlig aus dem Häuschen, als sich am letzten Schultag alles um sie drehte, die Lehrer ihr die Hand schüttelten, und sogar der Direktor sagte: »Mach's gut, Francis, und vergiss uns nicht.«

Trotz allem fiel der Abschied von den vielen Freunden, von Maria, der heiß geliebten Tante Kape und ihren Hunden schwer.

Dann war es vorüber. Chris und Uta, Francis und Klärchen saßen im Flugzeug, sie waren aufgeregt und gespannt, fühlten sich hin- und hergerissen zwischen Abschiedsschmerz und Freude auf das Neue.

»Bist du traurig?«, fragte Uta und drückte Chris' Hand.

»Traurig? Keine Spur«, er lächelte, »wir gehen reicher, als wir gekommen sind.«

Uta schwieg. Sie dachte an den Flug, bei dem sie die Frage – ein Kind ja oder nein – sehr ernsthaft erwogen hatte. Und sie erinnerte sich an die Angst, Chris könnte Nein dazu sagen. Bis heute hatte sie nicht den Mut gehabt, ihn zu fragen. Aber jetzt wollte Uta es wissen und fragte geradeheraus: »Chris, weshalb hast du damals spontan meinem Vorschlag zur Adoption zugestimmt?«

»Ganz einfach, du hast es nicht vorgeschlagen, du hast es gewollt. In deiner Stimme lag nicht die Spur eines Zweifels. Du warst dir ganz sicher. Es bedurfte keiner weiteren Überlegung.«

»Anderer Leute Bälger . . .« Uta schaute ihren Chris verschmitzt an. »Du bist ihnen der wunderbarste Vater, den sie haben können.«

Die neue Wohnung jenseits des Atlantik kam den Kindern vor wie eine Schublade in einer hohen Kommode. »Kleine, über- und nebeneinander gestapelte Häuschen« nannte Francis das Vielfamilienhaus, in dem Menschen aus verschiedenen Ländern Wand an Wand wohnten. Vorüber war die Zeit im kleinen Garten mit der abschirmenden Mauer. In der parkartigen Anlage mit Spielplatz, Sandkiste, Schwimmbecken und Grillplatz mangelte es nie an Spielkameraden.

Klärchens Lieblingsplatz war die Sandkiste. Dort spielte und schwatzte sie mit den schwedischen Zwillingen, dem kleinen Italiener und den beiden Engländerkindern, ohne deren Sprache zu kennen. Auf Utas Frage:

»Wie verständigt ihr euch?«, antwortete Klärchen: »Wir sprechen.« So einfach ist das unter Kindern.

Für beide Kinder war es eine neue Erfahrung, dass sie sich frei bewegen durften, alleine zu den anderen auch am Ende der Straße laufen konnten. Ein in Mexiko undenkbares Vergnügen, es wäre viel zu gefährlich gewesen.

Francis ging wieder vergnügter zur Schule, aber der ausgelassene Wildfang in ihr war wohl für immer verschwunden.

Das Leben in dem Vielfamilienhaus war anfangs noch fremd. Aber wie angenehm dies sein konnte, zeigte sich jeweils im Sommer, wenn Madrid zum Brutofen wurde. In den Wohnungen war es kaum zu ertragen, deshalb spielte sich das Leben zu einem guten Teil im Freien ab. Bis tief in die Nacht wurde der Garten zur Bühne und die Hausbewohner zu Akteuren. Dies schweißte das Völkergemisch zu einer lose gebündelten, bunten Familie zusammen. Erst wenn die Tage kalt wurden, löste sich der Zauber auf. Fenster und Türen wurden fest geschlossen, um den eisigen Wind des Winters draußen zu halten.

Uta wurde rasch mit Madrid vertraut. Am liebsten bummelte sie allein durch die Gassen der Altstadt, als sei sie hier zu Hause. ›In einer dieser Straßen steht das Elternhaus von Mona Silicio‹, fiel ihr ein. Dieser Gedanke streifte sie jedoch nur. Er reichte nicht einmal so tief, ihr bewusst zu machen, dass diese Menschen Francis' Großeltern waren.

Uta lächelt, als sie in ihrem Tagebuch liest:
In Madrid werden wir eine ganz normale Familie sein.
Und das ist gut so.

»Ich vergesse zeitweise sogar, dass Francis und Klärchen adoptiert sind«, sagt sie im Selbstgespräch, »es gibt keine verdächtigen Fragen mehr, keine drohenden Schatten.«

Als Francis in die vierte Klasse versetzt wird, bekommt Klärchen ihre Schultüte. Sie ist stolz, jetzt auch zu den »Großen« zu gehören und sich nicht mehr von Francis sagen zu lassen:
»Ach, du, was weißt du schon von Schule.« Ganz besonders freut sie sich darüber, ihre eigenen Freundinnen zu haben.
Schon nach wenigen Tagen bringt sie eine Klassenkameradin mit nach Hause. In der für sie typischen, ein wenig theatralischen Art, deutet sie auf Uta und erklärt:
»Verena, das ist meine Mutter.« Natürlich erwartet sie keine Reaktion, sondern zieht das Mädchen mit sich in ihr Zimmer.
Uta steht reglos. Das Herz klopft, als wolle es zerspringen. In ihrem Kopf klingt es nach: »Das ist meine Mutter, Mutter, Mutter . . .« Und sie fragt sich: »Was ist los mit mir? Warum verwirrt dieser Satz mich so? Die erste Aufregung legt sich, aber der Satz: »Das ist meine Mutter« weicht nicht aus ihrem Sinn. »Ich bin doch ihre . . .« Mutter will sie sagen, ersetzt es dann aber durch das geläufige Mami. »Ich bin ihre Mami«, das kommt ihr mühelos über die Lippen. Und warum nicht: »Ich bin ihre Mutter?« Mutter. Da ist er wieder, der längst verblasste Schatten. Christine ist ihre Mutter, ich bin ihre Mami, nicht mehr als die Mami. Mami ist ein Kosename, aber Mutter bedeutet die »Wurzel des Kindes«.

Noch ist Uta eingesponnen in diesen Gedanken, da stellt sich ihr das Thema Adoption erneut. Francis verkündet: »Morgen sollen wir Fotos von unseren Eltern mitbringen. Frau Hansen will mit uns herausfinden, wem wir ähnlich sehen. Die Fotos sollen möglichst groß sein.« Fotos, um die Ähnlichkeit festzustellen. Uta zögert, überlegt, wie sie sich verhalten soll. Francis holt bereits die Alben hervor und beginnt, darin zu blättern.

»Darf ich Bilder rausreißen?«, fragt sie und deutet auf zwei Fotos, auf denen Mami und Papi gut zu erkennen sind. Uta setzt sich neben ihre Kleine und betrachtet die Bilder, als sähe sie diese zum ersten Mal.

»Du kannst uns nicht ähnlich sehen«, sagt sie dann sehr leise und beobachtet ihre Francis. Aber die schaut nur auf die Bilder und fragt dann:

»Warum kann ich euch nicht ähnlich sehen?«

»Nur die Kinder, die im Bauch ihrer Mami gewachsen sind, sehen ihr auch ähnlich.«

Francis denkt nach.

»Ich bin aus dem Kinderheim«, sagt sie, als erinnere sie sich. »Wenn ich nicht in deinem Bauch gewachsen bin, dann muss ich in einem anderen Bauch gewesen sein«, stellt sie überrascht fest.

»Genauso war es.« Uta atmet durch.

»Kennst du die Frau?«, möchte Francis wissen.

»Nein«, Uta schüttelt den Kopf. Wieder schweigt Francis. »Sicher ist sie dick und fies«, folgert sie und klappt das Fotoalbum zu.

Uta ist verblüfft ob dieser Feststellung. Sie möchte etwas dazu sagen, allein schon um zu erfahren, wie es in Francis

wirklich aussieht. Leider lässt Uta die Gelegenheit unge-
nutzt verstreichen. Ihr fällt nichts ein, was sie sagen kann.
Aber sie weiß, es wird unmöglich sein, das Thema Adoption auszuklammern oder gar als Geheimnis zu bewahren. Am Abend ruft Uta die Lehrerin an und erklärt ihr
die Sachlage.

Francis stellte keine weiteren Fragen, und Uta schwieg.
Aber es war klar, irgendwann würde dieser Begriff auch
vor den Kindern wieder im Raum stehen. Dieser Moment
kam schneller, als Uta es erwartet hatte. Sie sollte einen
Abstrich im Labor abgeben. Francis und Klärchen waren
bei ihr. Die Laborantin nahm Utas Daten auf und stellte
die Frage:
»Wie viele Schwangerschaften?« Utas Antwort: »Keine«
verwirrte die Frau, sie deutete auf die Kinder und fragte:
»Und diese beiden?«
»Sie sind adoptiert«, sagte Uta.
»Was bedeutet: sie sind adoptiert?«, fragte Francis, als
sie das Labor verlassen hatten.
»Adoptiert heißt, Eltern nehmen Kinder als ihre eigenen
auf, die kein Zuhause haben, die wie ihr in einem Kinderheim sind«, erklärte Uta. Sie musste sich mehrfach räus-
pern, denn ihre Stimme hörte sich fremd und kratzig an.
Klärchen, die das Gespräch nicht verfolgt hatte, fragte:
»Gehen wir Eis essen? Das hast du uns versprochen.«
Uta war diese Ablenkung willkommen, und doch hatte
sie ein schlechtes Gefühl. Jetzt wäre die Gelegenheit
gewesen, ausführlich mit den Kindern darüber zu sprechen. Aber wie?

94

Am Abend sprach sie mit Chris darüber. Auch er war der Meinung, noch seien die Kinder zu jung, um diese Frage erschöpfend zu besprechen. Sind sie es wirklich? Verstehen konnten sie die ganze Tragweite sicher nicht, aber die Adoption war nun einmal ihr Schatten, mit dem sie durchs Leben gehen und den sie anzunehmen lernen mussten.

An diesem Abend hielt Francis ihren Teddy seit langem mal wieder fest in den Armen.

»Teddy, weißt du, was heute passiert ist?«, flüsterte sie ihm ins Ohr: »Ich hörte Mami sagen: sie sind adoptiert. Adoptiert, das hat was mit ›im Bauch einer anderen Frau gewachsen‹ zu tun. So hat Mami mir das erklärt. Nur vorstellen kann ich mir das nicht richtig. Kannst du begreifen, wie man zwei Mütter haben kann?«, wisperte sie mit zittriger Stimme. »Wie soll das mit der Geschichte vom Kinderheim zusammenpassen? Mami hat doch erzählt, dass ich dort mit vielen anderen Babys zusammen war, bis sie kamen und mich zu sich geholt haben. Ich habe mich mal vorsichtig bei meinen Freunden umgehört. Die haben alle nur eine Mutter und einen Vater. Und keiner war im Kinderheim. Und als ich Katja sagte, dass ich zwei Mütter habe, hat sie mich ausgelacht. ›Du spinnst‹, hat sie gesagt, ›das gibt es ja gar nicht.‹ Oh Teddy, ich will nie, nie wieder mit einem Menschen darüber sprechen«, weinte sie und presste ihr Gesicht fest an Teddys Fell.

Auch Klärchen blieb nicht länger von diesem Konflikt verschont. Aber sie verschaffte sich Luft in ihrer Angst und Not. Ausgerechnet ihre erste und beste Freundin Verena war es, die ihr die Wahrheit schonungslos offenbarte. Verena hatte ein wunderschönes Kleid an, zartrosa, weiß gestreift und im Oberteil kunstvoll bestickt. Die eitle Klara war neidisch auf diese Pracht, die sie der Freundin nur ungern gönnte. Und ohne lange zu überlegen, brüstete sie sich:

»In der nächsten Woche kommen meine Omi und Opa aus Deutschland, und die bringen mir vielleicht drei oder vier noch viel schönere Kleider mit.«

Angabe und Anschuldigung schwappten zwischen den beiden kleinen Mädchen hin und her, bis Verena ihren Trumpf ausspielte und Klärchen entgegenschleuderte.

»Ach sei doch still, dumme Kuh. Du hast ja nicht mal richtige Eltern.«

Einen Augenblick lang hielt Klärchen den Atem an, dann stieß sie hervor:

»Das weiß ich doch längst.« Tränen brannten ihr in den Augen. Sie ließ ihre Freundin stehen, rannte zum Aufzug und drückte auf die Drei, obwohl es ihr streng verboten war, allein im Lift zu fahren. Sie trommelte mit den Fäusten gegen die Tür und schrie, als ihr aufgemacht wurde: »Stimmt es, dass ihr nicht meine richtigen Eltern seid?« Sie schluchzte, warf sich an Mamis Brust und drückte sich ganz fest an sie. Endlich konnte sie weinen, hemmungslos weinen.

Uta hielt ihre Kleine fest im Arm, bis sie spürte, dass sie sich ein wenig beruhigte.

»Es stimmt nicht«, sagte sie dann mit fester Stimme. »Wir sind deine richtigen Eltern, genauso richtig wie auch die Eltern von Verena. Aber du bist adoptiert, eine andere

Frau hat dich zur Welt gebracht.« Uta wartete, damit Klärchen das begreifen konnte. Dann fuhr sie fort. »Christine, so heißt sie, konnte dich nicht behalten.«

»Nicht behalten«, wiederholte Klärchen, »das verstehe ich nicht.«

»Sie hatte schon ein Kind, einen Jungen, und nicht genug Geld, euch beide zu ernähren.«

»Sie hatte schon ein Kind? Christine, meine . . . hatte schon ein Kind?« Klärchen dachte nach. »Den hat sie behalten?« Sie blickte Mami verständnislos an. »Und mich wollte sie wirklich nicht haben?«

Uta spürte, wie fassungslos, wie verletzt ihre Kleine war. Fieberhaft überlegte sie, wie sie ihr die Lage am einfachsten erklären konnte.

»Da Christine keinen anderen Ausweg sah, war sie damit einverstanden, dass wir deine Eltern wurden, deine richtigen Eltern und Francis deine richtige Schwester.«

Es dauerte lange, sehr lange, dann fragte Klärchen:

»Ganz bestimmt, ganz sicher seid ihr meine richtigen Eltern? So richtige Eltern wie die von Verena?«

»Ganz sicher.«

Klärchen schlang die Arme um Mamis Hals und drückte sie ganz fest.

»Ich habe dich lieb, weil du meine Mami bist, meine richtige Mami. Das werde ich Verena sagen«, entschied sie und sah schon nicht mehr so verzweifelt aus, eher kampflustig.

Uta schaute ihrer Kleinen vom Balkon aus nach. Sie sah Klärchen und Verena beisammen stehen. Was sie sprachen, konnte sie nicht hören, dass Eintracht herrschte, konnte sie ahnen.

»Es wird nicht das letzte Mal gewesen sein, dass man dir auf diese Weise Schmerz zufügt«, flüsterte sie.

Nun ist sie da, die Phase der Auseinandersetzung mit der Wahrheit, schreibt Uta in ihr Tagebuch. *Und ich bin nicht darauf vorbereitet. Ich habe versucht, der Natur ein Schnippchen zu schlagen und mich an den Platz zweier Frauen gesetzt, als sei dies selbstverständlich.*

Auch Chris kann mir wenig helfen. Er ist beruflich so eingespannt, dass er gar keine Zeit hat, sich in diese feinen Schichten der Gefühlswelt hineinzudenken.

Wie wird es sich weiterentwickeln? Wie werden die Kinder es letztendlich verkraften? Uta hält inne. Sie denkt nach, dann schreibt sie: *Wir haben uns bislang fest an den Händen gehalten. Wenn wir dies weiter tun, dann wird der Sturm vorübergehen. Nur nicht loslassen, um Gottes willen nicht loslassen!*

Zwischen Klärchen und Francis gewann das Wort Adoption unterschiedliche Bedeutung. Klärchen führte es wie eine Trophäe. Francis trieb es Tränen in die Augen. An einem Nachmittag kam es zwischen ihnen gar zum Streit darüber. Klärchen und Verena spielten ganz friedlich mit den Plüschtieren Schule. Sie wechselten sich ab in der Rolle der Lehrerin und der Schüler. Bis Verena, sie war gerade die Lehrerin, Klärchen anschrie.

»Wenn du nicht besser aufpasst, dann fliegst du raus. Du bist ein ganz und gar unerzogenes Kind.«

»Was sagst du«, brauste Klärchen auf, »mich rausschmei-ßen. Das hier ist mein Haus!«

»Pah, dein Haus«, gab Verena patzig zurück. Und eh die beiden es sich versahen, war der schönste Streit im Gange. Verena versuchte, durch Lautstärke die Oberhand zu gewinnen, während Klärchen dies durch die Wahl ihrer Beschuldigungen tat. Und dann kam es, wie es kommen musste. Das Wort Adoption stand drohend wie ein Gespenst im Raum.

»Gib du doch nicht mit deinen Eltern an«, sagte Klärchen. Hier machte sie eine kurze Pause, denn Francis kam gerade ins Zimmer. »Dich mussten sie nehmen«, fuhr sie dann unbeirrt fort, »aber mich, mich konnten meine Eltern aussuchen. Du wärest heute noch im Heim«, schleuderte sie Verena entgegen. Darauf wusste die Freundin nichts zu sagen. Sie rannte aus dem Raum und knallte die Tür hinter sich zu.

»Der habe ich es gegeben«, Klärchen war sehr zufrieden mit sich. Aber Francis sah kläglich aus.

»Ich finde das gar nicht gut«, sagte sie, »musstest du ihr das mit der Adoption auf die Nase binden?«

»Warum denn nicht? Was ist denn dabei?«

»Was dabei ist? Ich will es ganz einfach nicht, dass andere es erfahren, dass andere darüber sprechen«, sagte Francis und konnte die Tränen nur schwer unterdrük-ken.

»Ob du es willst, ist mir egal«, sagte Klärchen schnippisch.

Da packte Francis die Schwester bei den Schultern und schüttelte sie, so fest sie konnte.

»Merke dir eins«, schimpfte sie. »Es geht niemanden etwas an, dass wir adoptiert sind.«

»Lass mich sofort los«, kreischte Klärchen. Sie schlug auf Francis ein, und schon balgten sie sich wie Buben. Endlich ließ Francis die Schwester frei, warnte jedoch: »Wenn du noch einmal zu jemandem davon sprichst, schlage ich dich windelweich. Verstanden?«

»Pah, olle Ziege«, antwortete Klärchen, zog es jedoch vor zu verschwinden.

Es verging fast ein Jahr, ohne dass Klärchen und Francis von Adoption sprachen. Aber das lag daran, dass Francis immer öfter unterwegs war. Sie hatte sich einer Mädchengruppe der Pfadfinder angeschlossen. Voller Stolz trug sie die blaue Uniform und genoss es, mit auf Wanderfahrt zu gehen, im Zelt zu schlafen, sich im Bach zu waschen oder auch nicht und am Lagerfeuer zu essen.

Klärchen war sich nun oft allein überlassen. So blieb es nicht aus, dass sie sich hin und wieder mit der Frage beschäftigte: Wie kommt es, dass ich zwei Mütter habe? Warum hat Christine mich weggegeben und hat nur meinen Bruder behalten? Eines Nachmittags wurden diese Gedanken so mächtig, dass sie beschloss:

»Ich suche Christine.« Klärchen leerte ihren Schulranzen aus und packte ihre liebsten Steifftiere hinein. So ausgerüstet, lief sie Mami über den Weg. Und die wunderte sich natürlich:

»Wo willst du denn zu dieser Tageszeit mit deinem Ranzen hin?«

»Ich gehe zur Polizei«, antwortete Klärchen mit ernstem Gesicht.

»Zur Polizei? Was willst du denn da?«

»Meine Mutter suchen.«

»Aber Klärchen«, Mami machte ein erschrockenes Gesicht. »Deine . . .« Uta schluckte, » . . . deine Mutter wohnt in Deutschland. Da kann dir die spanische Polizei nicht helfen.«

»Wer denn?«, fragte sie zornig.

»Komm, Schätzchen«, Uta nahm der Kleinen den Ranzen ab, »warte noch ein paar Jahre, dann helfe ich dir, deine Mutter zu suchen.«

»Versprochen?«

Mami nickte und sah ganz so aus, als wäre es ihr mit diesem Versprechen ernst.

Am Abend erzählte Uta Chris ausführlich davon. Sie schloss mit den Worten:

»Ich habe doch tatsächlich in dem Wahn gelebt, wir seien eine ganz normale Familie, doch wir müssen lernen, mit dem Schatten von Mona und Christine zu leben.« Nach einer langen Pause, so als kehre sie in das Heute zurück, sagte sie: »In vier Tagen wird Francis zwölf Jahre alt . . .«

*

»Mona, ich bekomme ein Kind«, stand mit übergroßen Buchstaben auf einen Zettel gekritzelt, der unordentlich, wohl mit hastigen Fingern gefaltet, in den Umschlag gesteckt worden war.

101

›Meine kleine Schwester Julia wird Mutter‹, Mona lässt diesen Gedanken in sich eindringen. Sie sieht ihre Schwester vor sich im weißen Brautkleid, eine bezaubernde, strahlende Braut an der Seite von Carlos, einem gut aussehenden, stets gut gelaunten Mann.

»Ein Paar wie aus dem Bilderbuch«, pflegte ihre Mutter zu sagen. Sie war mit der Wahl ihrer jüngsten Tochter mehr als zufrieden.

›René hätte ihr auch gefallen‹, überlegte Mona, ›zumindest vom Äußeren her.‹ Sie warf einen letzten Blick auf den Zettel, als müsse sie sich seine Botschaft besonders einprägen. Noch am selben Tag erfuhr Mona, dass mit der Geburt im Mai zu rechnen sei.

›In sieben Monaten hat Julia ein Baby, dann sind sie und Carlos eine richtige Familie, eine Familie, die zusammenbleiben kann.‹ Dieser Gedanke schmerzte, und doch stellte Mona ihn sich immer und immer wieder vor. Julia mit dem Neugeborenen im Arm, Julia mit Kinderwagen, Julia mit einem kleinen Mädchen an der Hand. Gleichzeitig wuchs in Mona das Heimweh. Sie glaubte, es in Frankfurt nicht länger aushalten zu können. Die vertraute Umgebung erschien ihr plötzlich hässlich, die Arbeitskollegen feindselig. Sie verlor die Freude an der Arbeit und zog sich sogar von ihren Bekannten zurück. Letztendlich gab sie der inneren Stimme nach. Sie kündigte, packte ihre Sachen zusammen und zog nach Madrid. Der lähmende Druck war von ihr gefallen. Jetzt konnte sie aufatmen und nahm voller Elan die Neugestaltung ihres Lebens in die Hände. Sie mietete sich eine gemütliche Wohnung in einem der alten Häuser in der Innenstadt von

Madrid und fand in der Nachbarschaft zwei Räume, die bestens geeignet waren für ihr eigenes Übersetzungsbüro. Nie zuvor war Mona so stolz auf sich selbst. Sie zweifelte nicht einen Augenblick daran, dass ihr der Sprung auf die eigenen Füße gelingen würde.

Und sie suchte die Nähe von Julia. Wann immer es ihre Zeit erlaubte, tauchte sie in der Wohnung der Schwester auf. Sie umsorgte sie, achtete wie eine Mutter darauf, dass sie sich schonte und richtig ernährte.

»Mona, was ist nur mit dir los?«, wunderte sich Julia, »du hast dich noch nie so liebevoll und vor allem ausdauernd um mich gekümmert wie jetzt. Du willst wohl wenigstens vom Zuschauen her erleben, wie es so ist, schwanger zu sein«, witzelte sie und erschrak, als ein Schatten über Monas Gesicht huschte.

»Hab ich dich verletzt, Schwesterherz?«, fragte sie zerknirscht.

Einen Augenblick lang konnte Mona kaum widerstehen, ihrer Schwester die eigene Schwangerschaft zu beichten. Aber dieser Impuls verflog so rasch, wie er aufgetaucht war.

Das Jahr 1977 neigte sich dem Ende entgegen. Mona war noch vorwiegend damit beschäftigt, Beziehungen zu knüpfen und Kunden zu werben. Aber ihr machte diese Zeit des Sich-Umschauens und des Vorbereitens Spaß. Bei Julia wurde die Schwangerschaft langsam sichtbar. Mona ließ es sich nicht nehmen, mit ihr die schönsten Umstandskleider zu kaufen.

»Genieße diese Zeit«, riet sie, »du bist nie wieder so eng mit deinem Kind verbunden.«

»Hört, hört, meine große, erfahrene Schwester«, lachte Julia gut gelaunt und war überglücklich, dass Mona ihr so viel Zuneigung und Fürsorge schenkte.

Mona wagte sich immer weiter vor mit Bemerkungen über die Schwangerschaft, die Julia eigentlich hätten stutzig machen müssen.

»Was du alles über Schwangerschaft weißt«, stellte sie fest, »man könnte meinen, du hättest mindestens ein halbes Dutzend Kinder zur Welt gebracht.«

Wäre Julia nicht so sehr eingesponnen gewesen in ihr eigenes Glück, hätte es ihr in dieser Zeit gelingen können, Mona die Maske vom Gesicht zu reißen. Aber sie spürte Monas unbewussten Wunsch nicht, sich von ihrer eigenen inneren Last zu befreien.

April und Mai zeigten, dass das Büro von Mona seine Startphase überwunden hatte. Sie würde bereits eine zusätzliche Kraft einstellen müssen.

»Ich brauche bald mehr Zeit, wenn das Baby geboren ist«, sagte sie zu ihrer Mutter mit einem Ernst, als handle es sich um ihr eigenes Kind.

Am 25. Mai 1978 kam die kleine Graciela zur Welt. Mona eilte noch im Morgengrauen in die Klinik. Lange stand sie an der Scheibe, durch die die Neugeborenen betrachtet werden können. Immer wieder schloss sie die Augen. Dann tauchte das Bild auf, das sich ihr so tief eingegraben hatte.

»Sie ist es«, murmelte Mona, »sie ist es.« Tränen liefen ihr übers Gesicht, als sie die Klinik verließ.

Einen Monat später wurde Graciela getauft. Mona und Juan, der Bruder des jungen Vaters, wurden zu Taufpaten ernannt. Zur kirchlichen Zeremonie waren nur wenige der geladenen Familienmitglieder erschienen. Außer den Eltern, den Großeltern und Paten stand noch Tante Dorothea am Taufbecken. Mona hielt ihr Patenkind auf dem Arm. Sie schaute niemanden an, nur das kleine Gesicht, sie hörte nicht, was der Pfarrer sprach, reagierte kaum, als sie aufgefordert wurde, das Kind über das Taufbecken zu halten. Das Babygesicht schien auf sie zuzukommen, die Augen wurden groß und rund, immer größer. Mona stützte sich auf den Rand des Taufbeckens. Sie versuchte, sich zu halten.

»Felizitas«, stieß sie hervor, schrill und flehend zugleich. Dem Pfarrer gelang es, sie und das Kind vor dem Sturz zu bewahren. Als sie erwachte, beugte ihre Mutter sich über sie. Sie betupfte ihre Stirn.

»Was ist mit dir?«, fragte sie besorgt.

»Gar nichts«, Mona schob die Mutter unwirsch beiseite. Sie stellte sich auf die Beine, hielt sich einen Moment lang an der Bank fest. »Es geht schon wieder«, sagte sie und gab sich Mühe, fest und bestimmt zu klingen. Ihr Blick wanderte hinüber zu Tante Dorothea. Die nickte ihr kaum wahrnehmbar zu.

Graciela hatte ihren ersten Geburtstag gefeiert. Sie war ein drolliges kleines Ding und natürlich der ganze Stolz der Familie. Auch Mona opferte der kleinen Nichte viel Zeit, überschüttete sie mit Geschenken, aber ihr Herz war nicht dabei. Auch in Gegenwart ihrer Schwester stellte sich die Fröhlichkeit, das unbeschwerte Lachen nicht ein. Monas Gesicht blieb verschlossen, oft sogar zeichnete sich ein trauriger Zug darauf ab. Julia deutete es als Eifersucht, weil Mona keine eigene Familie hatte.

»Es kann doch nicht schwer sein, einen Mann zu finden«, hatte sie einmal im Scherz gesagt. Monas Gesicht verwandelte sich daraufhin in eine steinerne Maske. Es war, als sei sie in eine sie umhüllende Schale zurückgekrochen. Für Mona zählte bald nur noch ihre Arbeit, die so reichlich hereinkam, dass sie es sich leisten konnte, Aufträge auszuschlagen. Jetzt benötigte sie zwei Sekretärinnen, um das Arbeitspensum zu bewältigen. Stets war Mona morgens die Erste und abends die Letzte.

Yvonne winkte ihrer Chefin durch die offene Bürotür und rief ihr zu:

»Ich gehe jetzt, Mona. Adios bis morgen.«

Mona nickte freundlich zurück. Hinter ihr lag ein anstrengender Tag. Am Morgen hatte sie einen Vortrag gedolmetscht und am Nachmittag eine schwierige Verhandlung bei einem Kunden durchgestanden. Dazu kam die frühsommerliche Hitze Madrids. Jetzt hatte Mona nur noch Lust, es sich in ihrer Wohnung gemütlich zu machen. Aber die private Post des Tages wollte sie noch durchsehen. Sie entdeckt einen Luftpostbrief ohne Absender darunter, schlitzt den Umschlag auf und erkennt sofort Renés Schrift. Ihr Herz pocht schneller, während sie liest:

Liebste Mona, du denkst, ich habe dich vergessen, bin wortbrüchig geworden, ein treuloser Freund. Aber nicht doch. Es hat nur ein wenig länger gedauert . . . ein wenig länger. Mona lächelt – nur 12 Jahre . . . *im vergangenen Jahr war ich in Frankfurt, stand mit einem Strauß roter Rosen vor deiner Tür, geöffnet hat mir eine mür-*

*risch dreinschauende Alte. In deinem Büro erfuhr ich, dass
du seit fünf Jahren in Madrid lebst und dein eigenes
Dolmetscherbüro hast. Glückwunsch, Frau Chefin. Und
nun halte dich fest, ich komme, wie einst versprochen.
Am 3. Juli um 18.50 Uhr lande ich in Madrid Barajas.
Zwei Nächte und einen Tag, liebste Mona, wird wieder
alles so sein wie früher. Ich werde dich verwöhnen und
auf Händen tragen. Im siebten Himmel werden wir schweben. Ich kann es kaum erwarten, dich in die Arme zu
schließen. dein René*

Typisch René, »alles wird so sein wie früher«, wiederholt sie und streicht das Blatt glatt. Wie es früher war –
Mona lacht auf. Sie sieht René vor sich mit seinen dunklen, fast schwarzen, lachenden Augen und dem schulter-
langen, gelockten Haar, das sie so gerne um die Finger
wickelte und drohte: »So binde ich dich an mich.«
Zwei Nächte und einen Tag. Einen Augenblick lang gibt
sie sich dem Tagtraum hin und wünscht sich – und danach viele Tage und viele Nächte mehr. Aber sie weiß,
das gibt es nicht. René ist kein Mann für viele Tage und
Nächte hintereinander. Am 3. Juli – jäh hält Mona inne.
Sie schlägt die Hände vor die Augen. An einem 4. Juli
wird René bei mir sein. Fast hätte sie dieses Datum vergessen.
»Werde ich ihm sagen, wie sich an diesem 4. Juli vor 12
Jahren die Welt verändert hat?« Mona schiebt den Brief
in den Umschlag zurück. »Ich habe so lange geschwie-
gen, so lange dieses Geheimnis für mich behalten, hatte
niemanden, mit dem ich es teilen kann . . .«

Die Versuchung, dies nach so langer Zeit René zu offenbaren, ist verlockend. 3. Juli, Mona schaut zum Kalender, das ist in vier Tagen. Das Telefon weckt sie aus ihren Träumen.

»Mona Kind, kommst du heute Abend zum Essen?« Jeden Tag stellt Mutter dieselbe Frage, die Mona meistens verneint. Mutter kann es noch nicht begreifen, dass sie ihr eigenes Leben führen will, eine eigene Wohnung hat.

»Mutter, nur zu deiner Information«, sagt sie ungewohnt barsch, »ich werde vorläufig nicht zum Abendessen und auch sonst nicht kommen. Ich werde Besuch haben.«

»Besuch? Wen?«

»Du kennst ihn nicht«, antwortet Mona kurz angebunden. »Grüße Vater, adios.«

Mona starrt auf das Telefon. »Der Vater deiner Enkelin kommt«, sagt sie dann und schüttelt den Kopf, als könne sie die trüben Gedanken verscheuchen.

Während der nächsten Tage war Mona unkonzentriert, ganz gegen ihre Art unfreundlich zu Yvonne und den beiden Schreibmädchen Denis und Carla. Sie schwankte zwischen Vorfreude und Wut bis hin zum Hass.

»Der bildet sich doch nicht ein, dass ich parat stehe um 18.50 Uhr«, sagte sie sich wieder und wieder und richtete gleichzeitig die Wohnung für den Besuch her. Sie stellte Blumen auf Kommoden, Tische und Fensterbänke, kaufte Renés Lieblingswein und Champagner. Sie füllte alle Leuchter mit neuen Kerzen. Und sie betrachtete sich lange im Spiegel. In diesem Gesicht stand es deutlich geschrieben, dass sie ihm nicht widerstehen konnte.

Pünktlich stand Mona am Flughafen mit vor Aufregung glänzenden Augen und feuchten Händen. Sie trug ein buntblumiges Sommerkleid und hielt eine Sonnenblume in den Händen, die sie zum Spaß vor ihr Gesicht hob, als sie Renés dunklen Lockenkopf in der Menge der ankommenden Passagiere entdeckte.

»Du kannst dich sonst wo verstecken, ich finde dich«, lachend schob René die Blume beiseite und drückte sie, bis sie um Gnade bat.

Vom ersten Augenblick an war es wie früher: Wirbel, Freude, Lust, Genuss im ununterbrochenen Reigen. Einmal nur entfernten sich Monas Gedanken. Sie murmelte:

»Vor 12 Jahren«, und ihr war, als falle sie in tiefes Loch.

»Hallo, Mona, was ist? Wach auf!«

»Weißt du, was vor 12 Jahren geschah? Soll ich es dir erzählen?« Mona blickte an René vorbei, als weile sie in einer anderen Welt.

»Nein danke, Mona, für nostalgische Erinnerungen haben wir keine Zeit. Prost, mein Schatz, lass uns auf das Heute anstoßen, denn nichts anderes zählt im Leben als der Augenblick.«

»René, heute vor 12 Jahren . . .«

»Sei still«, René nahm Mona in die Arme. Er küsste sie, bis sie sich eng an ihn schmiegte, bis sie wieder ganz in die Gegenwart zurückgekehrt war.

Wie von Zauberhand schienen die zwei Nächte und Tage verflogen zu sein. Zurück blieben Renés Geruch, viele leere Flaschen und niedergebrannte Kerzen.

Mona ging wie gewohnt ins Büro. Sie besuchte wie zuvor ihre Eltern, traf ihre Schwester. Alles wie zuvor. Nur eines war anders: Mona war noch verschlossener, sie fühlte sich noch einsamer als zuvor.

*

»Peterle«, ermahnte Christine ihren Sohn, »mach jetzt Schluss, geh ins Bett, du musst morgen früh raus.« Sie drehte das Radio leiser und wollte das Zimmer verlassen.
»Wie oft soll ich dir noch sagen, nenn mich nicht Peterle. Ich bin kein Kind mehr«, raunzte er seine Mutter an und knallte das Buch in seine Mappe. Überrascht blieb Christine stehen. Sie wollte auf ihren Jungen zugehen, aber der wütende Blick erschreckte sie.
»Sag mal, wie redest du eigentlich mit mir?« Ihre Stimme klang ärgerlich, auch ein wenig verwirrt.
»Ich lasse mir keine Vorschriften machen«, brauste er auf. »Ich bin 13 und überhaupt . . .«, er holte Atem: »Von einer Mutter, wie du eine bist, lasse ich mir schon gar nichts sagen.«
»Halt, halt Bürschlein. Was soll das denn heißen?« Jetzt war Christine alarmiert.
»Schau uns doch an, einen Vater für mich gibt es nicht. Geld haben wir keines. Und diese Wohnung ist ein Loch mit zwei Zimmern. Ich kann ja nicht mal einen Freund mitbringen. Geschwister habe ich auch nicht. Haben wir ein Auto? Ein Haus?« Peter redete sich so recht in Rage. »Nichts, worauf man stolz sein kann, so wie der Rolf, der Claudio und der Mark.«
Christine schaute sich hilflos um. Sie wusste nicht, was sie zu diesem Ausbruch sagen sollte. Ihr war letzthin schon

aufgefallen, dass Peter verschlossen und einsilbig war, aber frech oder gar anklagend war er noch nie gewesen. Noch bevor Christine ihre Gedanken sammeln konnte, holte Peter zum nächsten Schlag aus: »Klara hat es gut«, stieß er hervor, »die hast du weggegeben. Und heute hat sie wahrscheinlich alles, was ich nicht habe.«

Christine spürte den Schmerz, den ihr diese Worte bereiteten. Und sie wusste, dass Peter sie absichtlich verletzte. Einmal hatte sie sich hinreißen lassen, bei ihrem Sohn ihr schlechtes Gewissen zu erleichtern. Sie hatte mit ihm über Klara gesprochen, auch wenn sie wusste, dass sie ihn damit übermäßig belastete, damals, als Peterle mit Masern im Bett lag. Er war acht oder neun, und Christine sollte ihm eine Geschichte erzählen. Unwillkürlich drängte sich ihr der Name Klara auf die Lippen. Sie erzählte Peterle die Geschichte von Klara, die ihren liebsten Teddy verloren hatte. Peterle liebte die Geschichten von Klara. Und Christine erfand immer neue. Klara nahm Gestalt an, sie wurde so vertraut, dass er eines Tages sagte: »Es ist, als wäre Klara meine Schwester.« Und Christine ließ sich zu der Bemerkung hinreißen: »Klara ist deine Schwester.« Von dem Tag an versuchte Christine, ihrem Sohn zu erklären, was sich damals zugetragen hatte. Aus dem Märchen um Klara war nun eine wahre Geschichte geworden. Eine Geschichte, von der nur eine Seite sichtbar war.

Mit der Zeit jedoch verlor Peter die Neugier an dieser Gestalt, die wohl lebendig, aber nicht gegenwärtig war. Aber Christine hatte das Gefühl, mit den Geschichten von Klara habe sie rausgelassen, was sie unbewusst gequält hatte.

Peter hatte sehr wohl gespürt, dass er seine Mutter verletzte.

»Ich würde Klara gerne sehen«, sagte er ganz ruhig. »Ob sie wohl ein hübsches Mädchen ist?«

»Bestimmt ist sie das«, sagte Christine. Sie hätte ihrem Jungen gerne über den Kopf gestrichen, ließ es aber sein. »Schlaf gut«, sagte sie und verließ das Zimmer.

»Ob Klara ein hübsches Mädchen ist?« Diese Frage war neu. Unter dem Begriff hübsch hatte Christine nie an die Kleine gedacht. In der ersten Zeit nach der Geburt hatte Christine jeden Gedanken an das Baby weit von sich geschoben. Sie hatte geglaubt, dass sie dieses Kind, das sie nie gesehen hatte, ganz würde vergessen können. Anfangs gelang ihr das. Ihre Arbeit, Peter und der Balanceakt, mit ihrem geringen Verdienst möglichst gut zurechtzukommen, nahmen sie so sehr in Anspruch, dass ihr für anderes weder Kraft noch Phantasie blieb. Hin und wieder spielte ein Mann eine kleine Rolle in ihrem Leben. Aber diese Momente waren so flüchtig, dass sie sich nicht einmal die jeweiligen Namen merkte. Einen zweiten Julio gab es nicht. Dafür drängte sich ein Kindergesicht in die kurzen Augenblicke ihrer Tagträume. Ein Kindergesicht ohne Augen, ein Kindergesicht ohne vertraute Züge.

Mit der Zeit wurde das Leben ein wenig bequemer für Christine. Im Geschäft übertrug man ihr nach und nach mehr Verantwortung. Die Bezahlung wurde etwas besser. Eines Tages fing sie sogar wieder an zu zeichnen, meistens ihren Sohn oder die alte Nachbarin. Sie zeichnete Personen aus der Zeitung ab, veränderte sie nach ihrem eigenen Empfinden und verglich dann die Vorlage mit ihrem Werk. Sie verbrachte so manchen Abend zeichnend. Dabei fühlte sie sich glücklich, leichter, manchmal fröhlicher. Sie ging dazu über, ihre Kunstwerke zu sammeln.

Auch jetzt holt Christine sich ein Blatt hervor und beginnt zu zeichnen. Ein Mädchengesicht, die Klara ihrer Phantasie. Aber noch ist es ein Gesicht ohne Augen, ohne konkrete Formen. Sie legt Papier und Bleistift weg, denn erst, wenn sie das Gesicht wirklich vor sich sieht und naturgetreu malen kann, wird sie Klara wirklich freigeben können.

*

Für Francis stand die Konfirmation kurz bevor. Verwandte und Paten reisten von Deutschland an. Es sollte ein richtiges Familienfest werden.

»Wir gestalten es ganz besonders festlich«, hatte Mami versprochen. Sie wusste, dieser Tag würde für Francis nicht nur die Erneuerung des Taufgelöbnisses bedeuten. Sie würde viel weiter zurück tauchen in eine Welt, die für sie in unerforschlichem Dunkel lag. Untrügliches Anzeichen war ihre häufig wiederkehrende Frage:

»Mami, hast du mich auch lieb?« Aber sie hätte sich auch fragen können: »Hab ich dich, Mami, wirklich lieb?« Es war, als habe sich eine gläserne Maske über Mamis Gesicht gelegt und ihre Züge verwischt. An ihre Stelle trat ein Bild ihrer Mutter. Und zugleich beschlich sie das schlechte Gewissen, als beginge sie Verrat an den geliebten Eltern. Aber Francis konnte es nicht abwehren. Das

Bild der Mutter kristallisierte sich immer klarer heraus, so dass sie glaubte, ihre Gegenwart zu spüren, sie gar durch den Raum gehen zu sehen. Sie ertappte sich dabei, wie sie Mami beobachtete und sich ausmalte, wie ihre Mutter sich in der gleichen Situation verhalten würde. Dieses doppelte Spiel währte lange und gipfelte in einem wunderlichen Wunsch. Francis bat Mami, zur Konfirmation einen Hut zu tragen.

»Einen großen Hut, bitte!«

In der voll besetzten Kirche saß eine Dame mit einem auffälligen, breitrandigen Hut. Francis konnte ihr Gesicht nicht genau erkennen, aber es war das von Mami und ihrer Mutter zu einer Einheit verschmolzen. Mami ahnte, was in ihrer Tochter vorging, denn sie hatte gespürt, wie sie ihr entglitt. Und das verursachte nicht nur den kleinen Schmerz, den ihr der Wildfang zufügte, der nicht gedrückt werden wollte.

In Francis wuchs indes der Zwiespalt: Frage und suche ich nach meiner Mutter, oder lebe ich weiter mit der gläsernen Version? Es sollten noch vier Jahre vergehen, bis diese Frage ans Tageslicht kam.

Adios Madrid, schreibt Uta in ihr Tagebuch, *wie fühle ich mich, da wieder ein Kapitel meines Lebens beendet ist und ein neues beginnt? Es war eine gute Zeit. Eine Zeit, die uns keinen schweren Schicksalsschlag zugefügt hat. Sie hat uns zwar einen Opa genommen, aber das ist der Lauf des Lebens. Und sie hat Klärchen nach wie vor ihre unerklärlichen Krankheiten gebracht. Oft haben diese uns erschreckt. Wie damals, als sie nicht mehr richtig*

sehen konnte und eine Brille brauchte, die sie noch im-
mer zum Lesen benutzt. Und dann die Überraschung, dass
auch ihr Gehör geschädigt ist, womöglich genetisch be-
dingt. Wird sie so anfällig bleiben? Ihr Leben lang? In
jedem Fall werden wir diese Bürde in unserem Gepäck
mitschleppen.

Von ihrem Sekretär aus schaut Uta hinunter in den Garten. Sie beobachtet die Kinder, wie sie im Wasser toben.
Uta hört Klärchens durchdringendes Organ bis hinauf in
den dritten Stock. ›Wie ein kränkliches Kind wirkt sie
nicht‹, denkt sie und fährt fort, in ihr Tagebuch zu schreiben.

Was geht in den Mädels vor? Klärchen – sie ist jetzt 11
Jahre alt – hat die Neuigkeit, dass wir nach Mexiko zu-
rückgehen, gelassen aufgenommen. Ihr Kommentar war:
»Ich kann mich nur noch an den großen Hund im Nach-
bargarten erinnern.«

Für Francis bedeutet der Abschied von Madrid Trennung,
Verlust, Schmerz. Sie kann es nicht verstehen, dass sie
sich von ihren Freunden, Freundinnen und vor allem von
ihrer Pfadfindergruppe trennen soll. Sie kann sich nicht
vorstellen, dass es auch anderswo nette Mädchen und
Jungen gibt. Francis schmollt, Francis leidet. Und zum
ersten Mal im Leben ist Francis ihrem heiß geliebten Vater
ernstlich böse.

»Papi ist ein einflussreicher Mann. Warum kann er sich
dann nicht gegen diese Versetzung wehren? Wenn er uns
wirklich lieb hat, soll er es doch bitte für uns tun«, so
schimpfte und bettelte sie. Aber vergebens. Chris konnte
und wollte sich nicht gegen diese Versetzung stemmen.

Francis muss es begreifen. Chris ist schon seit vier Wochen in Mexiko. Er wohnt sogar in unserem alten Haus.
Uta macht eine Pause, sie lächelt bei der Vorstellung, dort wieder fortzufahren, wo sie vor sechs Jahren ihre Zelte abgebrochen hatten – für immer – wie sie damals glaubte.
Es ist schon ein eigenartiges Gefühl, einen Faden, der abgespult schien, neu aufzunehmen. Chris hat sich mit Begeisterung in die alte Aufgabe gestürzt. Auch ich kann es mir reizvoll vorstellen, in der gewohnten Umgebung neu zu beginnen. Vielleicht kann ich nachholen, was ich damals versäumt habe. Die Zeit in Madrid war so ganz anders als die in Mexiko. Sie war geprägt von der Erkenntnis, dass sich die Natur nicht betrügen lässt. Ich hatte die Rolle der Mutter freudig als Geschenk angenommen und dies in viele, viele wunderbare Stunden und Jahre verwandelt. Das konnte nicht unrecht sein. Und doch habe ich mir diese Unbeschwertheit in letzter Zeit oft zum Vorwurf gemacht.
Wieder hält Uta inne, sie überlegt: *Und was wäre gewesen, wenn ich vor 14 Jahren zaghaft, ängstlich, vielleicht sogar mit Vorbehalten an meine Aufgabe gegangen wäre? Es hätte nicht die glückliche, fröhliche Kleinkinderzeit von Francis und Klärchen gegeben.*
Als kleine Kinder sind Francis und Klärchen hergekommen. Aus den Kleinkinderschuhen sind sie herausgewachsen. Dafür haben sie sich ein unsichtbares Kleid übergestreift. Beide leben jetzt mit dem Bewusstsein, dass sie außer uns auch leibliche Eltern haben. Die Mütter sind in ihnen erwacht. Francis spricht nicht darüber, aber ich

sehe es ihren Augen an, sie denkt darüber nach. Und oft überlege ich, ob damals bei Schulbeginn, als die lustige kleine Range in ihr starb, ein unbewusster Funken der Erkenntnis in sie eingedrungen ist, womöglich durch ein unbedachtes Wort, das sich in ihre Seele eingenistet hat. Klärchen hingegen macht sich immer wieder lautstark Luft mit der Anklage:

»Mich hat Christine weggegeben, und meinen Bruder hat sie behalten. Das ist gemein.«

Wie wird es weitergehen? Werden diese Schatten mit der Zeit von alleine verblassen?

Ist jetzt alles ausgestanden, da die Kinder die Wahrheit kennen und sie begriffen haben?

Werden andere Hürden sichtbar werden? Werden die leiblichen Mütter noch eine Rolle spielen? Womöglich eine vordergründige Rolle? Wie verhalten wir uns, wenn Francis oder Klärchen gar darauf bestehen, ihre Mutter kennen zu lernen? Dürfen wir es ihnen überhaupt verbieten? Haben sie nicht ein Recht auf den wichtigsten Menschen ihres Lebens? Wie ertrage ich dies?

Erschrocken wirft Uta den Stift hin. Sie möchte umblättern, nicht mehr sehen müssen, was sie soeben aufgeschrieben hat. Lange starrt sie vor sich hin, dann gibt sie sich einen Ruck und spricht laut, als müsse sie sich Mut machen:

»Keine Vogelstrauß-Politik mehr. Warten wir ab, was die Zukunft bringt.«

»Guten Tag, Mexiko!« Neugierig blickt Uta aus dem Fenster, als die Maschine zur Landung auf dem Flughafen

ansetzt. Die ersten neun Jahre in Mexiko waren die glück-
lichsten ihres Lebens gewesen. Uta vertraut fest darauf,
dass es diesmal nicht anders sein wird. Nach Chris schau-
en Uta, Francis und Klärchen vergebens aus. Er steckt so
tief in der Arbeit, dass er Tante Kape gebeten hat, die
Familie vom Flughafen abzuholen. Mit einem großen
bunten Strauß steht sie inmitten der Abholenden und winkt
heftig mit der freien Hand.

»Herzlich willkommen zu Hause«, ruft sie ihnen entgegen und drückt Uta und die Mädels, als sei sie die Omi.

»Willkommen zu Hause«, wiederholt Uta, als sie das vertraute Haus betritt, das sie so anders in Erinnerung hat,
viel größer, heller, freundlicher. Chris' Nachfolger hat
einige fremde Möbelstücke dagelassen. Die großen Fenster zum Garten hin sind mit schweren Vorhängen ver-
kleidet. Wie im Traum geht Uta von einem Raum in den
anderen. Nein, das ist nicht mehr ihr Haus. Wird es das je
wieder werden? Wo sind Klärchen und Francis? Sie spielen drüben im Garten. Uta hört Klärchen lachen. Sie geht
hinaus. Die Bäume sind tüchtig gewachsen. Der Gummibaum, in dem Francis so gerne herumgeturnt ist, steht
nicht mehr. Früher konnte man mühelos durch den
Maschendrahtzaun in den Nachbargarten schauen, jetzt
sind die Büsche so dicht geworden, es gibt nur wenige
Zwischenräume, hindurch zu spähen. Als Chris nach
Hause kommt, fragt Uta ihn ein wenig beklommen.

»Meinst du, es wird wieder so wie damals?«

Nichts im Leben lässt sich wiederholen. Und Uta spürte
schon bald, dass sie einen neuen Lebensrhythmus finden

mussten. Gleich geblieben war nur das übergroße Arbeitspensum für Chris.

Francis stellte zu ihrer Freude fest, dass sie einige ehemalige Schulkameraden wiedertraf, obwohl die Klassen für die Oberstufe in die Zweige »Muttersprache Deutsch«, »Muttersprache Spanisch« und »Fremdsprache Deutsch« neu aufgeteilt waren. Auch etliche Lehrer waren ihr vertraut.

Sogar Klärchen gefiel es gut in der Schule. Schon in der ersten Pause erkor sie sich die Mexikanerin Gloria zur Freundin. Sie fühlte sich stolz in der zweiten Klasse der Gymnasialstufe. Dieser Stolz rührte nicht zuletzt daher, dass ihre Klassenlehrerin, Frau Schnarr, sie ganz selbstverständlich Klara nannte. Und ihrer Mutter erklärte sie mit Nachdruck:

»Ich will ab sofort nicht mehr Klärchen genannt werden, sondern Klara.«

Uta nahm ihre Kleine in den Arm und drückte sie.

»Mein Schatz, natürlich werden wir dich jetzt Klara nennen. Aber weißt du, so hin und wieder, wenn wir beide alleine sind, werde ich Klärchen zu dir sagen. Für mich bleibst du mein Klärchen.«

»Na gut, wenn's sein muss«, brummte Klara, und es war ihr anzusehen, dass es ihr nicht recht war. Papi verschusselte es noch oft, wenn er seine Kleinste scherzhaft an den Rattenschwänzen zog und sagte:

»Wie geht es meinem Klärchen heute?«

Francis bewies auf ihre Weise ihre Ablehnung gegen diesen Namen, sie sagte einfach Schwester zu ihr, das sie mit der Zeit zu Schwe kürzte und bis zum heutigen Tage benutzt. Nur Uta bemühte sich redlich, Klara zu sagen, was ihr nicht leicht fiel. Es klang ihr um einige Grade kühler als Klärchen.

Das erste ungemütliche Gefühl dem Haus gegenüber verließ Uta nicht. Es erwies sich als zu klein, da die Mädels nicht ihre eigenen Zimmer haben konnten. Uta fand ein anderes, größeres Haus, hügelan, in einer Umgebung, die fast schon ländlich zu nennen war. Zur ersten Besichtigung nahm sie Francis mit. Die schüttelte nur den Kopf und sagte:

»Wie kann unsere sonst so sachliche Mutter ein so abgelegenes Haus in Erwägung ziehen.«

Uta war begeistert. Und Francis? Sie schaute das Haus gar nicht an, sondern hockte die ganze Zeit neben einem Collie, der zottelig, ungepflegt und sehr scheu in einer Ecke des Gartens lag. Der Besitzer hatte ihn bei seinem Auszug vor einem halben Jahr zurückgelassen und einen Nachbarn gebeten, das Tier mit Wasser und Trockenfutter zu versorgen.

Am Abend hörte Chris sich zwei begeisterte Plädoyers für dieses Haus an. Uta schwärmte von der Architektur und dem herrlichen, wenn auch verwilderten Garten, und Francis flehte:

»Papi, wir müssen dieses Haus mieten, schon allein des Hundes wegen. Der ist so süß und schon so lange mutterseelenallein. Das ist doch Tierquälerei.«

14 Tage später zog die Familie um. Besonders Uta war glücklich in diesem geräumigen, hellen Haus mit dem großen Garten. Sie nahm sich viel Zeit, es gemütlich einzurichten und sorgte dafür, dass der Garten in Ordnung

gebracht und reichlich bepflanzte wurde. Dass es jetzt weiter zur Stadt war, störte sie nicht. An die Fahrten, die oft ein Abenteuer und immer eine überaus zeitraubende Beschäftigung waren, gewöhnte sie sich rasch.

Francis hatte bald vergessen, dass es ihr überhaupt nicht gefallen wollte in Mexiko. Wimpy, der Collie, tröstete sie über vieles hinweg. Auch im Club und in der Schule war Francis meist fröhlich mitten im Geschehen. Es war, als sei die kleine Range von vor zehn Jahren wieder in ihr erwacht. Aber das schien nur so. Uta ertappte sie hin und wieder, wie sie mit traurigen Augen neben Wimpy kauerte, ihn kraulte und leise mit ihm sprach. Und es geschah immer wieder, dass sie weinend aus dem Zimmer lief, nur weil Klärchen über Christine und ihren Bruder sprechen wollte.

Uta versuchte, ganz zaghaft mit Francis über Mona zu sprechen. Aber sie wollte nichts davon hören, vielmehr bat sie eines Tages sogar:

»Bitte, Mami, erwähne nie wieder ihren Namen.«

Auch Klärchen veränderte sich. Das zufriedene, heitere Kind in ihr verblasste. Sie zog sich merklich zurück, legte sich am Nachmittag ins Bett und verschlief zwei, drei Stunden. Am meisten verwunderte Uta, dass sie es nicht mehr liebte, von ihr geknuddelt und gedrückt zu werden. Von Christine sprach sie seltener, bald erwähnte sie sie gar nicht mehr. Jetzt verbrachte sie mehr und mehr Zeit mit ihrer Freundin Gloria. Am liebsten ließ sie sich nach der Schule mit zu ihr nach Hause nehmen. Wenn Uta vorschlug, Gloria doch zu sich einzuladen, wich Klara aus. Klara arbeitete fleißig für die Schule, sie übte, ließ sich von Uta abfragen und loben. Aber die Noten waren mäßig.

»Ich verstehe das nicht«, wunderte sich Uta. Bei mir weißt du alles wie aus der Pistole geschossen, machst kaum Fehler. Warum in der Klassenarbeit?«

»Wenn ich in der Schule bin, ist mein Kopf leer, es ist, als habe ich überhaupt nicht gelernt. Gestern erst hat mich Herr Köster deswegen geschimpft. Wir haben doch die Seen der Erde gelernt. Bei dir wusste ich sie alle. Als ich drankam, war alles wie weggewischt. Herr Köster hat natürlich gemeckert: ›Wenn du nicht lernst, kannst du es nicht können‹.«

»Hast du ihm nicht gesagt, dass du geübt hast und dass ich dich abgehört habe?«

Klara schüttelte den Kopf.

»Es hat doch keinen Zweck.«

Uta ging in die Schule, sie sprach mit der Klassenlehrerin, erklärte ihr Klärchens Dilemma. Frau Schnarr versprach, das Kind zu ermutigen. Aber es half wenig. Klärchen war immer öfter krank, ohne dass Frau Dr. Neserwin wirklich etwas feststellen konnte. Und Uta gab sich noch mehr Mühe, mit Klärchen zu üben und sie zu ermutigen. Dann beschlossen Chris und Uta, keinen Druck mehr auf Klärchen auszuüben. Sie alleine sollte das Tempo bestimmen. Uta wollte nur mit ihr üben, wenn sie es ausdrücklich verlangte. Klara war dankbar für diese Ruhepause und nutzte sie vorwiegend dazu, mit ihrer Freundin zusammen zu sein.

Uta gönnte ihrer Kleinen diese Freundschaft, und doch war ihr der Gedanke unbehaglich, sie so oft außer Haus zu wissen. Sie hatte das Gefühl, dass Klara sich ihr bewusst entzog, denn sie bat jetzt fast jedes Wochenende um Erlaubnis, bei Gloria zu bleiben. Zwischen den beiden Mädchen entwickelte sich eine tiefe Vertrautheit. Und so traute Gloria sich zu fragen, was ihr schon lange auf der Seele lag:

»Wie fühlt man sich als adoptiertes Kind?«

Klara ließ sich lange Zeit mit der Antwort. Dann sagte sie:

»Ich kann es dir nicht sagen. Ich weiß es selber nicht.« Aber die direkt gestellte Frage ließ sie nicht mehr los, bis sie das Bedürfnis verspürte, darüber zu sprechen. »Es ist wie ein riesiges, schwarzes Loch. Darin steckt eine Mutter, die dich wegwirft, und eine, die dich aufhebt, weil du ihr zufällig vor die Füße gefallen bist.«

»Klara, so kann es unmöglich sein.« Gloria war entsetzt. »Das kann ich mir nicht vorstellen«, stammelte sie.

Aber Klara war so in Fahrt geraten. Es gefiel ihr, ausführlicher mit der Freundin darüber zu sprechen: »Christine, die mich geboren hat, also die Mutter wie die deine, konnte mich nicht gebrauchen. Ich war ihr im Weg. Sie hatte schon ein Kind und keinen Mann. Also weg mit dem Baby. Meine jetzige Mutter, meine Eltern meine ich, die wollten ein zweites Kind haben. Und da ich übrig war, haben sie mich genommen. Ich war sowieso schon zweite Wahl, denn eigentlich sollten sie einen Jungen bekommen. Und da es ihnen egal war, haben sie mich genommen. Wenn nicht ich es gewesen wäre, wäre es halt ein anderes Kind. So einfach war das.« Klara machte eine Pause, als denke sie nach. »Meine Mutter versucht uns einzureden, dass sie gerade uns haben wollten und kein anderes Kind. Aber das ist eine Lüge.« Gloria starrte die Freundin ungläubig an. Sie überlegte, was sie entgegnen könnte. »Aber deine Mutter hat dich doch lieb, sehr lieb. Das kann jeder sehen.«

»Klar, sie hat mich lieb. Ich sie ja auch. Aber der Gedanke, dass das bei mir vom ersten Augenblick an alles dem Zufall überlassen war, der macht mich richtig krank. Was meinst du, wie oft ich mir ausmale, was noch alles mit mir hätte geschehen können.«

»Was sagt deine Mutter dazu?«

»Nichts. Ihr könnte ich das niemals sagen.«

Uta erfuhr nie etwas von diesem Gespräch. Und doch spürte sie, dass sich etwas zusammenbraute, dass in Klärchen etwas vorging, was nicht gut war. Sie musste nicht lange warten, bis der Kessel überkochte. Sie saß mit Klara alleine am Abendbrottisch und war etwas ärgerlich, weil Francis nicht pünktlich vom Club nach Hause kam.

»Was kann denn Francis dafür, wenn Carols' Mutter sie nicht rechtzeitig abholt«, verteidigte Klara ihre Schwester. Da Uta schwieg, fuhr Klara fort: »Andere Mütter nehmen sowieso alles lockerer als du. Bei dir muss immer alles ganz pünktlich sein. Um 7 Uhr ist Essenszeit, basta. Deshalb bin ich auch viel lieber bei Gloria. Bei der ist alles unkompliziert. Sie darf essen, wann sie will. Ihre Mutter richtet sich ganz nach ihr. Außerdem macht sie viel mit ihr, sie gehen ins Café und bummeln stundenlang durch die Stadt. Und dann kauft die Mutter ihr was, Klamotten zum Beispiel. Neulich hat sie sogar ein echtes

Goldarmband bekommen.« Klara hatte sich so richtig in Fahrt geredet, und Uta hörte geduldig zu – bis zum Goldarmband.

»Mit 12 Jahren schon ein Goldarmband«, sagte sie dann, »mein Schatz, das würde ich dir nicht einmal kaufen, wenn ich Millionärin wäre.«

»Klar, du nicht. Du behandelst mich ja noch wie ein Kind, das gehorchen und nach deiner Pfeife tanzen muss.«

»Du bist noch ein Kind. Und ich bin froh, dass es so ist.«

»Mit fast 13«, gab Klara patzig zurück. Uta schwieg. Sie dachte, wie es war, als sie selber 13 war. »Meinst du, mir ist es anders ergangen in dem Alter? Mein Vater war viel strenger als Papi. Außerdem ist es den jeweiligen Eltern überlassen, was sie erlauben und was noch nicht. Wir erlauben wahrscheinlich manche Dinge, die Gloria nicht darf. Alle Eltern tun, was sie für ihre Kinder als gut erachten. Wir haben euch doch lieb. Hätten wir uns sonst für euch entschieden?«

Uta hatte Klärchen damit versöhnlich stimmen wollen, aber das Gegenteil erreicht. Klara sagte ganz ruhig und betont:

»Ihr mögt euch für mich entschieden haben, aber ich habe mir euch nicht ausgesucht.«

Uta meinte, nicht richtig zu hören. Sie legte das Besteck hin. Sie wollte sagen: Das war nicht fair. Aber kein Laut kam über ihre Lippen. Tränen brannten in ihren Augen, sie stand auf und verließ den Tisch. Ihr war, als breche die Welt um sie herum in Stücke, als stünde sie allein auf weiter Flur und habe nichts, woran sie sich halten könnte. Uta war nicht leicht zu verletzen, aber diese Bemerkung von ihrem geliebten Klärchen hatte sie an ihrer empfindlichsten Stelle getroffen.

Ihr wurde bewusst, was sie mehr als alles andere fürchtete, dass die Kinder in ihr nicht ihre Mutter sahen.

»Es stimmt ja. Und damit muss ich leben lernen«, sagte sie sich laut vor und fühlte zum ersten Mal den Hauch einer Unsicherheit im Verhalten den Kindern gegenüber. Es war der erste winzige Schritt weg von ihnen. Es werden und müssen noch viele weitere folgen.

Als Chris nach Hause kam, hatte Uta sich schon ein wenig beruhigt. Und doch fiel es ihr schwer, ihm dieses Gespräch zu schildern.

»Überbewerte es nicht«, tröstete Chris. »Klärchen hat mit sich selbst zu kämpfen. Sie steckt in der Pubertät . . .« Chris machte eine Pause, »die Adoption beschäftigt sie mehr, als wir ahnen.«

»Was soll ich machen?«, jammerte Uta.

»Was du bislang getan hast. Sei für die beiden da, hab sie lieb wie immer«, ohne zu sehr hinter ihnen her zu sein, wollte er noch sagen, unterließ es jedoch. Ihm war wohl klar, dass Uta es schwer haben würde, die Bande behutsam zu lockern.

Für Uta bedeutete das Gespräch mit Klara den Schritt auf eine andere Ebene. Und für Klara? Uta wusste es nicht. Gerne hätte sie das Thema erneut angeschnitten, aber Klara wich ihr aus. Unentwegt suchte Uta nach einer Erklärung, bis Klärchen an einem Mittwoch in der Schule zusammenbrach. Sie glühte im Fieber und fiel so unglücklich vom Stuhl, dass die Brille zerbrach. All dies geschah in der Deutschstunde bei Frau Schnarr. Sie wusste von Klaras unerklärlichen Krankheiten und berichtete es dem Schularzt. Der lieferte das Kind in ein nahe gelegenes Krankenhaus ein.

Uta fiel vor Schrecken aus allen Wolken. Sie fuhr sofort ins Krankenhaus, dort hatte man Klara bereits untersucht. Uta konnte sich davon überzeugen, dass ihr nichts Ernsthaftes fehlte.

»Dann kann ich Klara wohl wieder mitnehmen?«, fragte sie den Dienst habenden Arzt.

»Ich denke, nein«, sagte er und bat Uta in sein Sprechzimmer. »Lassen Sie Klara noch zwei Tage hier«, schlug er vor. »Wir wollen sie gründlich untersuchen, denn eine Ursache müssen diese Fieberattacken haben. Und bringen Sie bitte alle Krankenunterlagen vorbei.«

Uta zögerte, aber sie wusste dem Vorschlag nichts entgegenzusetzen. Und Klärchen war auch einverstanden. Für den nächsten Tag stand eine Mathearbeit auf dem Plan, die sie nur zu gern verpasste.

Als Uta am Freitag kam, um Klara abzuholen, wurde sie zunächst zu Dr. Ergan gebeten.

»Sie können Ihre Kleine wieder mit nach Haus nehmen«, sagte er. »Wir haben sie gründlich untersucht, auch die Augen und die Ohren. Klara ist organisch ganz gesund. Ihre Brille brauchen Sie nicht reparieren zu lassen.«

Uta schaute verwirrt.

»Wie soll ich das verstehen?«, sagte sie ein wenig ärgerlich.

Dr. Ergan blätterte in der Akte, dann erklärte er:

»Klara flieht in die Krankheit. Das ist ihre Art, Aufmerksamkeit zu erlangen.«

»Aber«, Uta stand abrupt auf . . . »Wollen Sie sagen, wir beachten Klara nicht genügend?«

»Um Gottes willen, nein. Nur Klara fordert das Vielfache an Liebe, was andere Kinder beanspruchen. Klara ist adoptiert, nicht wahr?« Uta nickte. »Ich vermute, dass die Ablehnung im Mutterleib sehr groß war, dass dieses Kind jetzt einfach nicht genug Liebe bekommen kann. In ihre Seele hat sich tief eingefressen: ›Man hat mich nicht lieb‹«. Und wenn sie krank ist, signalisiert sie: ›Schau, ich bin so arm dran. Du musst mich noch lieber haben‹.«

»Unter dem Blickwinkel habe ich es noch nie betrachtet«, stammelte Uta. »Und wie verhalte ich mich jetzt?«

»Machen Sie weiter, wie Sie es bislang getan haben. Haben Sie sie lieb und zeigen Sie ihr, dass sie unbedingtes Vertrauen haben kann. Lassen Sie sie immer wieder spüren: Wir verlassen dich nie, egal was ist.«

»Ich vergesse oft, dass Klara schon mehrfach aus ihrer vertrauten Umgebung gerissen wurde. Zuerst kam sie von der Mutter weg, dann musste sie sich von der Nonne trennen, die sie besonders liebevoll gepflegt hat und mit 1 1/2 Jahren brachten wir sie nach einer Mandeloperation auf Anraten der Ärzte aus der schlechten Luft Mexikos raus. Wir ließen sie für sechs Wochen bei den Großeltern, die für sie fremde Menschen waren.«

»Das ist schlimm«, sagte der Arzt. »Aber ich denke, es hilft Ihnen, wenn Sie den Grund wissen.«

»Werden diese Krankheiten aufhören?«

»Vorläufig nicht. Erst wenn Klara genügend Vertrauen zu sich selbst hat und diese Druckmittel nicht mehr braucht.«

Uta stellte sich nun die Frage. Muss ich mein Verhalten Klärchen gegenüber ändern? Sie fühlte sich schuldig und sprach mit Chris darüber.

»Ich weiß, ich bin keine zärtliche Mutter und auch keine Kumpelmutter«, gestand sie sich ein, »aber bin ich deshalb eine schlechte Mutter?«

»Nein, du bist eine gute Mutter, eine starke Mutter«, tröstete Chris. »Ich kenne keine Mutter, die ihre Kinder mehr liebt, sich mehr um sie sorgt als du. Und jeder kann nur Liebe in der ihm eigenen Art geben. Alles andere ist Berechnung und Buhlen um Gunst.«

»Eine weitere Frage ist: Wie können wir Klärchen helfen, zu sich selbst zu finden. Was kann man tun, damit sie die unbegründete Angst, verlassen zu werden, verliert?«

»Mit ihr reden, so viel und so intensiv wie möglich«, lautete der Rat, den Uta am ehesten verwirklichen konnte.

Sie ließ keine Gelegenheit aus, mit Klärchen zu sprechen, sie zum Reden zu bewegen. Vergebens. Klärchen schwieg, sie zuckte mit den Achseln, wenn Uta fragte, was sagst du dazu? Uta schlug vor, die Rollen zu tauschen. Lass uns spielen, du bist die Mami, und ich bin Klara. Was würdest du mir sagen? Was würdest du mich fragen? Was würdest du vorschlagen?

Klara zuckte mit den Achseln. Und Uta hatte keine Ahnung, was in dem Kopf mit dem ernsten Gesicht vorging.

Das zu sehen, war schmerzhafter als der Gefühlsausbruch vor ein paar Wochen.

Während Uta sich über Klärchen den Kopf zerbrach, machte Francis einen entscheidenden Schritt ins Erwachsensein. Es war ein paar Tage vor ihrem 16. Geburtstag, da kam Papi eines Abends mit einem Mann nach Hause. Papi kannte ihn als zuverlässigen, geduldigen und besonnenen Mann. Zu Francis sagte er:

»Das hier ist Alfredo, er wird dir das Auto fahren beibringen. Und wenn er bestätigt, dass du fahren kannst, bekommst du einen gebrauchten Wagen.« Francis konnte es kaum fassen. Sie glaubte es erst, als Papi vorschlug. »Ich denke, ihr fangt gleich mit der ersten Stunde an.«

Ab sofort kam Alfredo zweimal in der Woche, um Francis zunächst mit dem Auto und dann mit dem Verkehr vertraut zu machen. Letzteres ist in Mexiko ein Unterfangen, bei dem man keine Angst haben darf, rasch reagieren und gute Nerven haben muss. Alles weitere kann nur die Erfahrung bringen. Dieser – einem Ameisenhaufen ähnliche Verkehr – funktioniert nur nach dem Gefühl des Fahrers und der Schnelligkeit seines Fahrzeugs. Verkehrsregeln existieren, werden aber weder gelehrt noch eingehalten. Uta wusste, was es bedeutet, in Mexiko fahren zu lernen. Sie hatte vor 16 Jahren an fünf aufeinander folgenden Tagen mit je zwei Stunden den Führerschein erworben. Fahren lernte sie erst nach und nach in ängstlichen und gefährlichen Schritten. Für Francis sollte besser gesorgt werden.

Nach vier Wochen verkündete Alfredo:

»Señor, Ihre Tochter ist so weit. Sie kann alleine fahren.«
Papi hielt Wort. Er kaufte für Francis einen gebrauchten
Wagen. Alfredo besorgte die ab 16 Jahre erhältliche, pro-
visorische Fahrerlaubnis. Und Francis machte sich mu-
tig und stolz auf zur ersten Alleinfahrt.

Wenig später fuhren die beiden Schwestern jeden Morgen 16 Kilometer stadteinwärts zur Schule und mittags
zurück nach Hause. Uta musste jetzt nicht mehr zum
Schulbus fahren, dafür schwebte sie in Angst, es könnte
den Mädels etwas zustoßen. Unwillkürlich erinnerte sie
sich daran, dass sie mit 16 Jahren den kurzen Schulweg
zu Fuß zurücklegte und mit dem Ranzen auf dem Rük-
ken, denn »eine Mappe verdirbt das Kreuz«, hatte ihre
Mutter gewarnt und unerbittlich allen Überredungsküns-
ten ihrer Tochter widerstanden. So ändern sich die Zeiten.

*

Uta hatte begriffen, dass ihre Zeit als Nur-Mutter endgültig vorüber war. Jetzt war es nur noch wichtig, dass
sie für die Kinder erreichbar war, Rat und Hilfe zu geben, wenn sie darum baten.

Damit standen für Uta neue Möglichkeiten offen. Sie er-
kundete das Land, das so viele interessante Gesichter hat.
Zunächst begeisterte sie sich für die Pyramiden und
Ruinenstätten längst vergangener Kulturen. Dann aber
entdeckte sie ihre Neugier für die Indios, ihre Lebens-
weisen, ihren Glauben beziehungsweise Aberglauben. Vor
allem ihre wunderschönen Trachten hatten es ihr ange-

tan. Uta fand immer jemanden, der mit ihr über Land fuhr. Mal ging es nordwärts nach Morelia oder Michoacan, zum Patzcuaro See oder weit hinunter in südlicher Richtung. Sie mieteten sich oft in primitiven Hotels ein und suchten den Kontakt zu den einheimischen Männern und Frauen, ließen sich von ihrem Leben erzählen und ihre Festgewänder zeigen, die längst nicht mehr überall auf den Straßen zu sehen waren. Für Uta wurden diese Sternfahrten zu faszinierenden Begegnungen mit dem wahren Mexiko, das man sich nur erschließen kann, wenn man die Sprache des Landes spricht und sich den Menschen nähert.

Francis und Klara merkten rasch, dass Mami sich ein Stück weit frei gemacht hatte und diesen Raum anderweitig belegte. Besonders Francis reagierte mit Eifersucht. Sie höhnte:

»Du mit deinen Indios. Ich möchte wissen, was dich an denen fesselt.«

Und als Uta wieder einmal eine Dreitagefahrt zu den Otomis in der Sierra de Puebla ankündigte, war Francis so wütend, dass sie drohte:

»Wenn du wirklich fährst, dann tue ich mir was an.«

Uta hielt erschrocken inne, aber Chris meinte:

»Fahr wie geplant. Bis morgen hat Francis sich beruhigt. Die Kinder müssen sich daran gewöhnen, dass du nicht mehr ausschließlich für sie da bist. Und das ist gut so.«

Francis hatte am nächsten Morgen ihren Wutanfall überwunden. Zum Abschied sagte sie schmunzelnd:

»Wenn das mit den Indios nicht schlimmer wird und du sie nicht womöglich ins Haus bringst, ist es ja gut.« Beide lachten herzlich bei der Vorstellung, und keine ahnte, dass es eines Tages im Haus wimmeln sollte von Indios aus allen Gegenden dieses Landes.

Der Grundstein dafür war eine Bastelanleitung für eine wunderschöne Puppe, deren Kopf, Hände und Füße aus Modelliermasse gemacht waren. Uta war fasziniert. Zunächst betrachtete sie die Vorlage, studierte die Anleitung und begab sich unverzüglich an die Arbeit. Was auf dem Bild so entzückend aussah, erwies sich als kaum nachvollziehbar. Uta verarbeitete unzählige Pakete Modelliermasse und schuf ein ganzes Heer monströs aussehender Köpfe, die umgehend gut verpackt in den Müll wanderten. Francis und Klara grinsten über Mamis Beharrlichkeit, die allzu oft in wütenden Ausbrüchen gipfelte. Und für das erste halbwegs gelungene Exemplar hatten sie nur wenig Lob übrig. Uta war stolz und enttäuscht zugleich. Was sollte sie – als erwachsene Frau – mit einer Puppe, die sie zwar als Lohn vieler Mühe ansah, die ihr aber zu gar nichts diente. Bis Francis eines Tages voller Verachtung sagte.

„Sieht aus wie so'n blöder Indio.« Auf diese Idee hatte Uta nur gewartet. Damit war diese Puppe der erste Indio einer ganzen Schar. Uta wählte die schönsten Trachten aus, nähte und stickte die traditionellen Gewänder der Huicholes, Tarasken, Otomis und vieler mehr. Voller Stolz betrachtete sie ihre Puppenkinder und lächelte verschmitzt:

»Von euch komme ich nicht mehr los. Als Puppenmutter bin ich – wie es scheint – recht erfolgreich.«

Viel Zeit war verstrichen, seit Klara in der Klinik war. Noch wartete Uta darauf, dass ihre Gesundheit wenigstens ein wenig stabiler würde. Sie sprach immer wieder mit ihr darüber, versuchte ihr zu erklären, dass nicht ihr Körper krank war, dass vielmehr eine Traurigkeit in ihr stecke und sie krank werden ließ. Aber jedes Gespräch blieb ein Monolog. Uta redete, Klärchen schwieg mit einem Gesicht, das ausdrückte: Bist du bald fertig? Klara ging, und Uta weinte. Sie wusste sich keinen Rat, wie sie zu diesem Kind vordringen konnte, das sie so sehr liebte. Letztlich hörte sie auf Chris und suchte professionelle Hilfe. Frau Mora führte ein langes Gespräch mit Uta und Chris, dann auch mit Klara und machte einen Test mit ihr. Der zeigte, dass Klara Angst hatte, erneut zurückgewiesen zu werden.

»Bei klarer Überlegung begreift sie, dass Sie sie niemals verlassen. Ihr Vertrauen reicht aber nur so weit, wie sie es mit dem Verstand erfassen kann. Darunter lauert die Unsicherheit. Vom Instinkt her fühlt sie sich zweitrangig. Das drückt sich für sie bereits in der Tatsache aus, dass sie zweites leibliches Kind und zweites adoptiertes Kind ist. Unbewusst quält sie die Frage: Warum kann ich nie Nummer eins sein? Aus dieser Angst, die sie innerlich stark belastet, resultiert ihre übergroße Müdigkeit. Ihre unbewusste Traurigkeit koppelt sie mit der Angst zu versagen. Damit ist erklärt, warum sie vorhandenes Wissen in Prüfungssituationen nicht einsetzen kann. Behandeln Sie sie ruhig noch wie ein kleines Kind. Erklären Sie ihr jede Trennung, und sei sie noch so kurz. Klara muss lernen, dass Trennung keine Katastrophe ist, dass sie zum Leben gehört und verkraftet werden muss. Sprechen Sie mit ihr über Adoption, über ihre leibliche Mutter. Ihr gegenüber darf sie keinen Groll hegen.« Frau Mora schlug eine Therapie vor. Uta und Chris waren einverstanden. Aber Klara leistete passiven Widerstand.

»Ihr könnt mich zu Frau Mora schicken, so oft ihr wollt, ich mache den Mund nicht auf«, erklärte sie.

Frau Mora jedoch war zuversichtlich, dass sie zu Klara vordringen würde. Vergebens. Die Therapie wurde abgebrochen. Klara schwieg weiter oder sie schlief. Und Uta wurde es immer schwerer ums Herz. Sie stellte sich wieder und wieder die Frage: Ist es meine Schuld?

Sie suchte nach Fehlern und beruhigte sich mit der Überlegung: Kann etwas, das man mit so viel Liebe tut, falsch sein?

Ein anderer Arzt versuchte es mit Medikamenten. Die machten Klara noch müder. Sie bat: »Mami, lass mich diese Tabletten nicht schlucken. Sie sind schrecklich.«

Der Arzt wurde böse, als Uta eigenmächtig das Medikament absetzte.

»Wenn Sie Ihrem Kind wirklich helfen wollen, bestehen Sie darauf, dass Klara es nimmt. Es ist der einzige Weg«, beschwor er sie.

Uta und Chris hörten auf Klara und warfen die Tabletten in den Müll. Und alles blieb, wie es war. Klärchen litt, Uta litt. Sie wäre verzweifelt gewesen, wenn Chris sie nicht immer wieder aufgerichtet und ermutigte hätte, in ihren Versuchen, zu Klärchen vorzudringen, nicht nachzulassen. Nach und nach wurden die Lücken in allen Fächern immer größer. Klaras Mathelehrer gab sich viel

Mühe mit ihr. Er versuchte wirklich zu helfen, indem er sie beobachtete und unauffällig ihren Wissensstand feststellte. Eines Tages rief er Uta in die Schule und sagte: »Für mich gibt es keinen Zweifel, Klara ist ganz normal intelligent, sie versteht die Aufgaben, kann sie richtig lösen ohne Druck, versagt aber total bei Prüfungsarbeiten. Ich rate zu einem Milieuwechsel. Eine leichtere Schule würde ihr gut tun. Eventuell ein Internat in Deutschland.«
»Ein Internat, ausgerechnet für Klärchen«, seufzte Uta.
»Fragen Sie sie. Besprechen Sie es gemeinsam«, schlug der Lehrer vor. »Vielleicht sind Sie überrascht.«
Uta ging mit schwererem Herzen, als sie gekommen war. Aber sie befolgte den Rat. Gemeinsam mit Chris fragte sie Klärchen, was sie von einem Schulwechsel halte. Eine mexikanische Schule oder Deutschland? Von einer mexikanischen Schule wollte sie nichts wissen.
»Was denken denn meine Schulkameraden«, sagte sie. »Ich sei wohl zu blöde für die deutsche Schule?« Aber Deutschland, ein Internat oder als Gast in einer Familie, das konnte sie sich vorstellen. Uta war überrascht über diesen Wunsch. Und Chris meinte:
»Gut Klara, wenn du es wirklich möchtest, können wir es ins Auge fassen. Aber lass uns erst mal eine Nacht darüber schlafen.«
Uta schlief nicht darüber, sie grübelte. Der Gedanke, das Kind wegzugeben, wollte ihr gar nicht gefallen.
»Mir kommt es vor, als würden wir sie abschieben«, sagte sie zu Chris und Klara bat sie: »Lass uns wenigstens eine der empfohlenen Schulen näher anschauen.« Klara war einverstanden, aber nur, um Uta den Gefallen zu tun.

Die Entscheidung fiel für Deutschland. Klara freute sich darauf. Sie sollte als Gastkind in eine Familie aufgenommen werden und dort die Realschule absolvieren. In allen Ferien würde sie nach Hause kommen.

Uta sah dem Abreisetag mit Bangen entgegen. Die Koffer waren gepackt, der Abschied wurde mit einem Familienfondue gefeiert.

»Schwe«, sagte Francis, »wer hätte gedacht, dass du als Kleine das Haus zuerst verlässt. Halt die Ohren steif, dass mir keine Klagen kommen.«

»Freu dich nicht zu früh«, witzelte Klara, »los bist du mich noch lange nicht. Weißt du, wann Herbstferien sind? In neun Wochen.«

›Aha‹, dachte Uta, ›sie zählt die Wochen, bis sie wiederkommt.‹

Mami brachte ihre Kleine zum Flughafen. Es war eine schweigsame Fahrt. Beim Abschied konnte Uta die Tränen nicht unterdrücken. Und Klärchen schaute überall hin, nur nicht ihrer Mutter in die Augen. Sie war schon hinter der ersten Absperrung verschwunden, da rief Uta ihr nach: »Klärchen, in neun Wochen!«

Klara drehte sich nicht um, aber Uta sah, wie sie die Hand ans Gesicht führte. Ihr war, als zuckten Klärchens Schultern.

*

Madrid glühte unter der Julisonne. Wer arbeiten musste, war bestrebt mit sparsamen Bewegungen auszukommen und sich bestmögliche Kühlung zu verschaffen. Auch

Mona litt unter der anhaltenden Hitze. Sie war froh, dass die Aufträge nur tröpfelten und eine langsamere Gangart zu vertreten war. Apathisch saß sie an ihrem Schreibtisch, den Kopf in beide Hände gestützt.

»Mit mir ist nichts mehr los«, gestand sie sich, und ihr fiel die letzte Begegnung mit ihrer Mutter ein.

»Du bist kein erbaulicher Anblick«, hatte sie getadelt, »deine Augen sind glanzlos, die Mundwinkel meist heruntergezogen. Ist es Lustlosigkeit oder bist du womöglich krank? Dagegen gibt es zwei Mittel, Zerstreuung oder einen Arzt.« Mona verzog das Gesicht. Zerstreuung wäre einen Versuch wert. Eine Reise vielleicht? Eine weite Reise in ein exotisches Land? Aber sie schob diesen Gedanken beiseite, obwohl sie spürte, wie der kleine Kobold tief in ihrer Seele lockte: Tue es! Raff dich auf! Mühsam riss Mona sich zusammen und versuchte zu arbeiten, bis ihr Yvonne die Post auf den Schreibtisch legte.

»Heute ist es wieder nicht viel«, sagte sie freundlich und verließ das Büro. Lustlos schaute Mona die Briefe durch, einer war von Karola.

»Treulose Tomate«, murmelte sie und schlitzte den Umschlag auf. Karola berichtete von ihrer Arbeit, sie beklagte sich, dass zu viel Routine herrsche und ihr Chef die interessanten Fälle selber erledige. »Sie klingt fast so gelangweilt wie ich«, stellte Mona selbstkritisch fest und las weiter: *Auch mit Günther läuft es nicht mehr. Wir werden uns trennen, friedlich, vielleicht auch nur vorübergehend. Ich überlege, für eine Zeit in ein anderes Land zu gehen. Als Übersetzerin habe ich viele Möglichkeiten. Vielleicht*

hast du einen Tipp für Spanien. Das würde mich locken.
Irgendwo neu beginnen, eine unbeschriebene Seite im
Buch des Lebens aufschlagen, warum nicht?

»Warum nicht?«, wiederholte Mona und ließ den Brief
sinken. »Irgendwo neu beginnen.« Plötzlich erschien ihr
glasklar, was bislang hinter einem Schleier verborgen war.
Mona überlegte nicht länger. Sie wählte Karolas Büro-
nummer und bekam sie sofort an den Apparat.

»Hallo, Karola, altes Haus, das war eine Überraschung,
als heute dein Brief kam«, Mona sprudelt schier über. Sie
lässt der Freundin kaum Gelegenheit, etwas zu sagen.
»Du, ich habe den goldenen Tipp«, fährt sie fort, »du über-
nimmst für eine gewisse Zeit mein Büro. Über Routine
wirst du dich nicht beklagen können. Wenn diese hölli-
sche Hitze vorüber ist, geht es nämlich wieder richtig los.«
Karola schnappt nach Luft.

»Das nenne ich prompte Bedienung«, lacht sie. »Und wo
bleibst du? Gehst du bereits aufs Altenteil?«

»Wo ich bleibe? Ich weiß es nicht oder besser gesagt, das
verrate ich nicht, da der Gedanke brandneu ist. Noch kann
ich ihn nicht in Worte fassen.«

»Und ab wann soll das sein?«

»Sobald du weg kannst, bald, ganz bald«, drängt Mona,
»am liebsten noch heute.«

Die beiden Freundinnen albern noch eine Weile am Telefon, bevor sie auflegen. Mona lässt beide Hände auf die
Schreibtischplatte fallen. Dann nimmt sie ein frisches Blatt
zur Hand.

»Ein unbeschriebenes Blatt im Buch des Lebens«, sagt
sie fast übermütig und schreibt mit großen Buchstaben

darauf: *Mexiko!* Schon hat ihr Plan einen Namen. Weiter schreibt sie. *Als was? Als Tourist? Länger? Wer weiß.* Darunter steht: *Warum?* Hier zögert sie und schreibt: *Felizitas.* Sie legt den Stift hin und überlegt. Zwischen 20 Millionen? Sie nimmt den Stift erneut zur Hand und schreibt ganz groß: *Warum nicht?* Diese beiden Worte unterstreicht sie mehrfach, faltet den Bogen und verschließt ihn in einem Schubfach.

An »warum nicht?« klammerte sich Mona. »Warum nicht?« wurde zu ihrem Motor. »Warum nicht?« half ihr, zu verwirklichen, was sie sich seit so vielen Jahren unbewusst mehr als alles andere gewünscht hatte.

52 Tage später saß Mona im Flugzeug mit Ziel Mexiko-City. Sie vibrierte noch vor Reisefieber, als die Maschine am späten Nachmittag im Land des Adlers und der Schlange landete. Mona bestieg ein Taxi und bat:

»Bringen Sie mich zu einem guten Mittelklassehotel im Zentrum der Stadt!«

»Regis«, schlug der Fahrer vor und lud Monas Gepäck ein.

»Warum nicht«, meinte Mona beschwingt und machte es sich auf dem Rücksitz bequem. Es störte sie nicht, dass der Fahrer unverzüglich ein Gespräch mit ihr anknüpfte.

»Sie sind zwei Tage zu spät gekommen. Am 16. September, am Nationalfeiertag, da hätten Sie Mexiko erleben sollen«, schwärmte er, da strahlen Stadt, Land und Leute in ihrer schönsten Pracht und ihren wunderbaren Farben. Das ist einmalig.«

Während der fast einstündigen Fahrt in die Innenstadt erfuhr Mona fast alles, was man über Mexiko wissen muss.

»Hier im Regis sind Sie gut aufgehoben«, sagte der Fahrer zum Abschied, als sei er ernsthaft besorgt um das Wohlergehen seines Gastes.

Mona bekam ein geräumiges Eckzimmer mit Blick auf eine der Haupteinkaufsstraßen und den angrenzenden Alameda Park. Sie fühlte sich so beschwingt und unternehmungslustig, dass sie am liebsten jetzt noch losgelaufen wäre. Gleich morgen früh würde sie beginnen. Sie schmiedete schon einen Plan für den nächsten Tag. Zum Schulschluss wollte sie vor der deutschen Schule sein. Felizitas ist jetzt 18 Jahre alt, dachte sie, am ehesten könnte sie an der Schule zu finden sein. Und Mona zweifelte nicht daran, dass sie ihre Tochter sofort erkennen würde. Noch kurz vor dem Einschlafen fiel ihr Mutters Mahnung ein:

»Ruf uns kurz an, damit wir wissen, wo wir dich im Ernstfall erreichen können.« Sie wählte die Nummer ihrer Eltern:

»Mutter, ich bin gut angekommen und wohne im Hotel Regis. Es ist wunderbar hier«, sagte sie noch und legte auf. »Morgen«, wisperte Mona schon fast im Schlaf.

Der 19. September begann harmlos wie jeder andere Tag. Francis parkte ihr Auto wie immer um 7.15 Uhr in einer kleinen Straße neben der Schule. Aus dem Wagen vor ihr stieg gerade Steffi. Sie winkte und setzte sich zu Francis ins Auto.

»Hast du die Matheaufgaben gekonnt?«, fragte Francis und angelte sich die Mappe vom Rücksitz. Sie suchte nach dem Heft, da wurde der Wagen heftig hin- und hergerüttelt. »Da ist wieder so'n Idiot auf die hintere Stoßstange gestiegen«, zischte Francis wütend. »Komm, wir tun so, als bemerkten . . .«

»Francis«, schrie Steffi und packte die Freundin beim Arm, »es bebt.«

Noch immer wurde das Auto kräftig hin- und hergerüttelt. Die Stromleitungen über ihnen schwankten wie Hüpfseile und schlugen aneinander, dass es blitzte. Die Luft war erfüllt von Krachen, Splittern, Ächzen und Schreien. Die beiden Mädels waren wie gelähmt vor Angst und Schrekken. Francis umklammerte das Lenkrad, als könnte sie den Wagen zur Ruhe bringen. Dann war der Spuk vorüber, die Erde stand still. Mit zitternden Beinen und unfähig, ein Wort zu sprechen, stiegen sie aus. Steffi drehte sich langsam um sich selbst.

»Da ist noch mal alles gut gegangen«, sagte sie erleichtert. »Die Häuser stehen. Aber das kann sich ändern. Los! Komm!« Sie rannten auf den Schuleingang zu.

Den 19. September 1985 wird keiner vergessen, der dieses Inferno miterlebt hat. Viele tausend Menschen sind umgekommen. In manchen Vierteln sind ganze Straßenzüge eingestürzt, an anderen Stellen ist nur hier und da ein Haus, ein Gebäude in sich zusammengesackt, und anderswo ist nicht einmal eine Scheibe zu Bruch gegangen. Eine der unzähligen Meldungen lautete: Das ehrwürdige Hotel Regis ist bei diesem katastrophalen Erdbeben total zerstört worden und hat eine unbekannte Zahl

Mexikaner und ausländischer Touristen mit in den Tod gerissen. Die alte Straßenuhr neben dem Hotel blieb um 7.19 Uhr stehen.

Nach dem Beben ging das Leben weiter, aber es war nichts mehr so wie zuvor. Es war ein tiefer Einschnitt. Man teilte alles ein in die Zeit vor und nach dem Beben. Das Leid war unendlich, die Hilfsbereitschaft überwältigend. Fieberhaft war sie, solange in den Trümmern noch nach Überlebenden gesucht wurde, sie blieb ungebrochen, als es galt, nach und nach die unzähligen Wunden zu schließen, die dem ins Wanken geratenen Koloss »Mexiko City« zugefügt worden waren. Auch die Schüler aller Oberstufen halfen vom ersten Tag an mit. In Francis' Gruppe mussten die, die ein Auto hatten, Essen ausfahren, um die Heerscharen derer zu versorgen, die nach Verschütteten suchten. Schlagartig mit dem Beben war die Regenzeit zu Ende gegangen. Heiß brannte die Sonne auf die verletzte Stadt. Wenn Francis abends erschöpft nach Hause kam, hatte sie keine Kraft mehr für ein Lächeln.

*

Teddy erzählt:
Ihr habt es schon gemerkt, viel habe ich nicht mehr zu erzählen. Für einen Teddy bin ich inzwischen ein Greis. Die meisten meiner Brüder und Schwestern, mit denen ich einst im Regal des Spielzeugladens auf einen Käufer gewartet habe, sind längst zu Fetzen gespielt oder auf einem Dachboden in einer alten Kiste verschwunden. Ich

hingegen sitze hier in Francis' wunderhübschem Zimmer auf einem Schränkchen und schaue in den Garten. Aber viel Spaß macht mir das nicht, denn dort draußen lebt mein Rivale, ein hellbeiger, weiß-gefleckter, langhaariger Hund mit spitzer Schnauze. Er bekommt, was mir gebührt, Francis´ Liebe. Sie tobt mit ihm, ärgert ihn, wie sie einst mich geärgert hat und verwöhnt ihn. Sie badet und kämmt den Hund und versucht, ihm Kunststücke beizubringen. Der Neid frisst mich auf, wenn ich es mit ansehen muss. Vieles hat sich verändert, nicht nur weil das Erdbeben in uns nachschwingt. Das Haus fühlt sich anders an, es klingt anders und es atmet anders. Klärchen fehlt. Mami und Francis sind viel unterwegs. Ich höre immer nur:

»Jetzt gibt es unendlich viel zu tun!«

Und wenn Mami mal im Garten sitzt, scheint sie in die Weite zu blicken, ohne etwas zu sehen. Ich glaube, sie versucht, über das große Meer bis zu Klärchen zu schauen. Utas Stimme ist leiser geworden, ihre Schritte weniger energisch. Francis gibt sich oft Mühe, lieb zu Mami zu sein. Manchmal legt sie ihre Arme um ihren Hals, lächelt sie an, und ich höre die beiden so herzlich lachen wie früher. Aber Francis ist nicht immer so zärtlich. Sie kann heftig aufbrausen in ihrem Zorn, die Türen knallen oder ganze Wäschefächer mit einem Griff leer fegen. Oder sie sitzt bockig vor ihrem aufgeschlagenen Schulbuch, ohne einen Blick hineinzuwerfen und starrt auf die gegenüberliegende, efeubewachsene Gartenmauer, als zähle sie die einzelnen Blätter. Ob sie Schwe vermisst? Neulich kam sie ganz aufgeregt nach Hause. Sie schloss die Tür hinter sich und kramte einen Brief aus ihrer Mappe. Während sie ihn las, lächelte sie, drückte einen Kuss auf das Papier und versteckte es hinter dem Hundebild an der Wand. Dann stellte sie sich vor den Spiegel und betrachtete sich von allen Seiten. Ich schaute zu und brummte voller Stolz:

»Meine Francis ist die Schönste von allen.«

Marco hieß ihr Freund, dann war es Oliver und dann . . . Schon lange war nicht mehr die Rede davon, dass Francis mich irgendwohin mitnimmt, schon gar nicht auf Reisen. Heute war es wieder mal so weit. Koffer wurden gepackt, das Haus schwirrte von der üblichen Hektik. Und ich machte mir große Hoffnung, dass Francis mich diesmal mitnehmen würde. Aber sie verabschiedete sich von mir: »Tschüss Teddy«, sagte sie und packte mich viel zu grob an einem Bein, »pass gut auf alles auf, hörst du! Während wir bei Schwe sind, wohnt ein Kollege von Papi in unserem Haus. Das passt mir gar nicht. Also, Alter, halt die Ohren steif.« Sie setzte mich in Positur, dass ich den Garten überblicken konnte, und weg war sie, um mit Mami und Papi über Weihnachten nach Deutschland zu reisen. An die Stille brauchte ich mich nicht erst zu gewöhnen. Da hörte ich das Tor quietschen. Neugierig reckte ich mich, um zu sehen, wer da kam. Ein Mann und eine Frau standen im Eingang, sie schauten sich um. Indes verkroch Wimpy sich in eine Ecke des Gartens und verfolgte jede Bewegung der Fremden. Die gingen ins Haus, liefen emsig hin und her und immer wieder auf die Straße. Sie trugen von dort Taschen und Koffer herein und ließen dabei das Tor offen und unbeaufsichtigt. Ich klammerte mich

am Bettpfosten fest, um nicht vor Aufregung run-
terzufallen. Der Blick aus meinen Knopfaugen war auf
Wimpy gerichtet. Der robbte Stück für Stück näher zum
Tor. Ich sah es ihm an, er führte etwas im Schilde. Und
dann, ich hielt den Atem an, schlich Wimpy zum Tor hi-
naus, er schaute zurück, und schon war er verschwunden.
Ich wollte warnen und schreien. Aber hat je ein Mensch
auf einen ausgestopften Teddy gehört? Zugegeben, ich
hatte Wimpy nie leiden mögen, aber jetzt war mir, als
würde ich den Collie nie wieder sehen. Wimpy suchte seine
Francis, dessen war ich mir sicher. Und Francis würde
weinen, wenn ihr Wimpy nicht mehr da wäre.
Ich hatte recht vermutet. Wimpy war weggelaufen. Die
Fremden suchten den Hund, sie ließen Tag und Nacht
das Tor aufstehen in der Hoffnung, Wimpy würde von al-
leine zurückkommen. Aber Wimpy blieb verschwunden.
Und Francis war natürlich untröstlich. Erst als Papi vor-
schlug: »Wir kaufen einen Ersatz für Wimpy«, beruhigte
sie sich ein wenig.
Der neue Collie hieß Silas. Er war ein winziges Woll-
knäuel, das sich kaum auf den Beinen halten konnte. ›Der
ist ja nicht mal halb so groß wie ich‹, dachte ich verächt-
lich, ›und der will so groß werden wie Wimpy?‹. Silas
wurde nicht so groß, er starb als Wollknäuel. Damit brach
die Trauer um Wimpy bei Francis erneut auf. Und für
Tina, Silas' Schwester, die dann Einzug hielt, empfand
Francis längst nicht die Liebe, die sie zu geben bereit
war. Tina blieb, was sie war: Ersatz.
Wenn Klärchen nach Hause kam, war es für ein paar Tage
wieder so wie früher. Dann saßen die Schwestern in

Francis' Zimmer, und Klärchen berichtete von ihrem Leben in Deutschland. Ich hörte sie gerne erzählen. Ihre Stimme hatte einen anderen Klang bekommen, und in ihre Sprache mischte sie Ausdrücke, die sie vorher nie benutzt hatte. Die Schule fand sie puppig. Die meisten Lehrer waren halb durchgebacken. Nur ihr Mathelehrer war echt cool. Ihre Freundin Kiki war eine »Schwatte« und die meisten ihrer Klassenkameraden die reinsten Penner. Wenn Klärchen von ihrem Mofa sprach, dann glänzten ihre Augen.

»Schnell ist die Kiste nicht«, erzählte sie, »aber es ist spitzenmäßig, durch die Gegend zu düsen. Nur im Herbst bei Regen oder im Winter, wenn die Straßen vereist sind, kannst du es vergessen. Ist aber immer noch besser, als den weiten Weg zur Schule zu Fuß zu latschen.«

»Könntest du dir vorstellen, für immer in Deutschland zu bleiben?«, wollte Francis wissen.

Klärchen antwortete mit prustendem Lachen.

»Nein, nie und nimmer. Wenn ich den Abschluss im Sack habe, komme ich zurück. Da kannst du Gift drauf nehmen.«

»Wenn du den Realschulabschluss machst, mache ich Abitur«, sagte Francis.

»Und? Was willst du damit sagen?«

»Kein und, nur so«, wich Francis aus und schaute verträumt drein.

Auch ich konnte mir keinen Reim auf diesen Gedankensprung machen. Aber ich vergaß ihn nicht und war sofort hellwach, als Francis eines Tages murmelte:

147

»Teddy, irgendwann fängt auch für mich der Ernst des Lebens an.«

Kurz darauf kam Steffi zu Besuch. Zunächst arbeiteten die beiden zusammen, dann klönten sie. Die Stimmen schwirrten so gleichmäßig durch den Raum, dass ich fast einschlief. Plötzlich aber spürte ich wieder die eigenartige Spannung, die stets durch das Wort Adoption verursacht wurde.

»Ach Steffi«, sagte Francis eine Spur lauter, »du bist meine beste Freundin. Heute brauche ich deinen Rat. Du weißt doch, dass meine Eltern nicht meine leiblichen sind.« Hier stockte Francis, als könne sie nicht weitersprechen. »Ich habe nie darüber reden mögen, auch nicht mit meiner Mutter. Aber jetzt quält mich die Frage nach meiner leiblichen Mutter. Ich möchte doch wissen, wer sie ist, wie sie ist und warum sie mich weggegeben hat.« Wieder machte Francis eine Pause. »Aber ich habe einfach nicht den Mut, meine Eltern danach zu fragen. Ich möchte sie nicht verletzen.« Steffi verstand die Freundin. Und über das Problem Adoption hatte sie schon mehrfach mit ihrer Mutter gesprochen.

»Weißt du was«, schlug sie vor, »mein Vater kennt den Kanzler der Botschaft. Der könnte doch mal seine Fühler ausstrecken. Oder zumindest weiß der, wohin du dich wenden kannst, um Auskunft zu bekommen. Schließlich bist du jetzt volljährig. Deine Eltern brauchen nichts davon zu erfahren.« Francis nickte. Der Vorschlag gefiel ihr. Und Steffi versprach, mit ihrer Mutter darüber zu reden.

»Und was mache ich, wenn ich die Adresse eines Tages in den Händen halte?«, fragte Francis. »Gehe ich dann hin und sage: »Hallo, ich bin deine Tochter!«
Dieser Satz löste bei meiner Francis einen Ausbruch aus, den ich nicht definieren konnte. Lachte oder weinte sie?

Es wurde still in dem einst so lebhaften Haus. Chris war für etliche Wochen auf Geschäftsreise. Und Francis war ständig unterwegs. Wenn sie mal zu Hause war, saß sie meist über ihren Büchern und lernte fürs Abitur. Uta war jetzt oft allein. Eines Abends bekam sie einen Anruf von Marlene, Steffis Mutter, mit der sie lose befreundet war. Marlene sprach vom Wetter, von den steigenden Preisen, von der Dreistigkeit ihres Dienstmädchens, bevor sie endlich zum Kernpunkt ihres Anrufs kam.

»Uta, ich muss dir etwas sagen«, begann sie vorsichtig, »deine Francis fahndet nach ihrer leiblichen Mutter.«
Uta schnaufte hörbar.
»Sie tut was?«
»Sie möchte wissen, wer ihre Mutter ist.« Stille in der Leitung. Marlene fühlte sich unbehaglich. »Sei mir nicht böse, dass ich mich da einmische«, bat sie und bereute schon, dass sie es getan hatte. »Aber ich bin der Meinung, du musst das wissen.«
»Jetzt ist es also so weit«, sagte Uta nach einer langen Pause und vermittelte den Eindruck, als habe sie Marlene bereits vergessen. Wortlos legte sie auf und starrte das Telefon an, als sei es allein für diese Mitteilung verantwortlich. »Francis sucht nach ihrer Mutter«, dieser Satz

umkreiste sie, ohne dass sie den Sinn in sich aufzunehmen vermochte.

Langsam nur legte sich der Wirbel in ihrem Kopf. Ihr war, als hätten sich Bruchstücke der Erinnerung selbständig gemacht und purzelten wild durcheinander. Die Angst, Francis überhaupt zu bekommen, und die unbeschreibliche Freude, als sie das Kind zum ersten Mal im Kinderheim in den Armen gehalten hatte, mischten sich mit unzähligen lieb gewordenen Ereignissen. Und hinter allem spähte als vager Schatten eine Gestalt hervor, eine Gestalt, um die Uta wohl wusste, die sie jedoch stets im Verborgenen zu halten bestrebt war. Unbewusst war sie sicher, dass diese Gestalt nie eine wirkliche Bedeutung bekommen würde. Und jetzt trat sie hervor, drängte sich als Person in Utas Vorstellung.

Sie sieht Mona als Person vor sich, als eine zierliche, dunkelhaarige Frau mit tiefschwarzen, lebendigen Augen. Uta schließt die Augen, als könne sie das Bild verwischen, vergebens. »Mona«, flüstert sie, und sogleich verbindet sich das Bild mit diesem Namen. »Mona«, wiederholt sie. Wie oft mag Francis sie sich vorgestellt haben? Wie oft mag sie von ihr geträumt haben? »Und jetzt«, wieder schließt Uta die Augen, »wird sie ihre Mutter womöglich sehen, sie berühren, sie in den Arm nehmen. Nein, niemals«, Uta schüttelt sich, unruhig läuft sie im Raum auf und ab. »Nein«, wiederholt sie und erschreckt zugleich. »Habe ich so wenig Vertrauen zu dem Band zwischen mir und ihr? Glaube ich wirklich, dass Mona mich verdrängen kann? Dass Mona Francis' Liebe zu mir ausmerzen kann? Was zählt mehr – das biologische Band oder das aus vielen Jahren Liebe gesponnene?« Uta steht still, als lausche sie in sich hinein. Heftig schüttelt sie den Kopf. »Nein, diese Liebe kann niemand auslöschen, niemand, kein Mensch dieser Welt.« Sie atmet auf. Ihr ist, als erwache sie aus einem schweren Traum. »Kein Mensch«, sagt sie noch einmal. Sie geht in die Küche, nimmt die Hundeleine von der Wand und ruft Tina. »Komm!« Der Hund wedelt mit dem Schwanz und zerrt Uta mit sich fort. Sie lässt sich von Tina durch die Straßen führen, die ihr vertraut sind, durch die Straßen, die sie bald wieder verlassen muss, durch Straßen, in denen Menschen leben, die sie kennt. Uta betrachtet jedes Haus, als erforsche sie sein Geheimnis und das seiner Bewohner. Jeder hat sein eigenes Schicksal. Und jeder glaubt, sein Schicksal sei weltbewegend, sei wichtig, unendlich wichtig. Uta muss lächeln. Sie setzt sich auf einen Mauervorsprung, um auszuruhen. Tina schmiegt sich eng an ihre Beine. Uta streichelt das Tier. »Und du, altes Mädchen«, sagt sie, »an dich denke ich nicht. Ich sehe es als selbstverständlich an, dass du hier bleiben musst, dass du dich an neue Herrchen und Frauchen gewöhnen sollst.« Sie legt den Kopf auf Tinas Rücken. »Nimm dich nicht so wichtig«, ermuntert sie sich, »lass dem Leben seinen Lauf. Francis hat ein Recht darauf, ihre biologischen Wurzeln kennen zu lernen. Und sie hat ein Recht darauf, dass wir ihr dabei helfen, gerne helfen.«

Auf dem Heimweg beschäftigt sich Uta mit der Frage: Wie stelle ich es an, bei Francis das Gespräch auf Mona zu bringen. Da sie keine Frau von besonderem diplomatischem Geschick ist, wählt sie den direkten Weg. Am nächsten Morgen, es ist ein Sonntag, deckt sie hübsch den Frühstückstisch.

»Es ist schön, dich mal ganz alleine für mich zu haben«, sagt sie betont fröhlich, aber mit leicht zitternder Stimme. Auch Francis ist mitteilsam und erzählt von der gestrigen, improvisierten Fete bei Kim.

»Wir haben uns gegenseitig die Zukunft vorhergesagt – so aus Spaß«, lacht sie. »Und weißt du, was sie mir vorhergesagt haben? Ich würde Künstlerin und eines Tages berühmt, ach, was sage ich, weltberühmt.« Francis schaut ihre Mutter verschmitzt an, die sich mit einem zu hart aufgebackenen Brötchen abmüht.

»Künstlerin wohl, weil du dich so gut verstellen kannst?«, entgegnet Uta.

»Wieso? Spielst du auf etwas Bestimmtes an?«

Uta nickt.

»Marlene hat mich gestern angerufen. Sie hat mir gesagt, du suchst deine leibliche Mutter. Stimmt das?«

Francis legt ihr Messer hin. Tränen steigen ihr in die Augen.

»Verzeih mir«, stammelt sie und beginnt zu weinen.

»Aber Schätzchen, was gibt es da zu verzeihen. Ich begreife das. Jeder möchte wissen, von wem er abstammt. Das ist doch ein Teil deines Lebens.« Es tut Uta weh, ihre Francis weinen zu sehen. Plötzlich ist sie wieder ihre Kleine, die sie tröstend in die Arme nehmen muss. Sie wartet, bis Francis sich beruhigt. »Warum bist du nicht zu mir gekommen?«, fragt sie ohne Vorwurf.

»Weil ich die besten Eltern habe und euch nicht mit der Suche nach meiner leiblichen Mutter verletzen wollte.«

Francis schaut auf. »Und du bist mir jetzt nicht böse?«
Uta schüttelt den Kopf.

»Im Gegenteil, ich habe auf diesen Moment gewartet«, sagt sie tapfer und denkt an den Kampf, den sie gestern erst mit sich ausgefochten hat. »Wir werden so schnell wie möglich alle Hebel in Bewegung setzen, sie zu finden.«

»Bitte nicht«, wehrt Francis ab, »ich weiß ja gar nicht, ob ich den Mut habe, sie aufzusuchen. Und wenn ihr Gott weiß was anstellt, ihre Adresse zu finden, fühle ich mich verpflichtet, diese zu nutzen. Und ehrlich gesagt, wann ich Mona aufsuche, möchte ich ganz alleine entscheiden.«

»Da hast du recht. Nur du alleine kannst den richtigen Zeitpunkt bestimmen, mein Schatz«, gibt Uta zu. »Du sagst uns, wenn du dich bereit fühlst.«

»Uff, Mami«, stöhnt Francis, »ich hätte nicht gedacht, dass ich so locker mit dir darüber sprechen könnte.«

»Stimmt, auch ich hätte das nicht geglaubt. Ich dachte früher, jetzt bin ich eure einzige Mutter. Wie konnte ich so dumm sein. Eure leibliche Mutter gehört untrennbar zu euch. Und wenn ihr sie kennt, bekommt diese Sehnsucht Gestalt und verliert damit ihre Last. Leider habe ich nach dem Motto gehandelt: Aus den Augen, aus dem Sinn. Heute würde ich vieles anders machen. Du siehst, ich hätte euch fragen müssen. Verzeiht ihr mir?«

»Ich habe dir nichts zu verzeihen«, sagt Francis. »Ich habe letzthin viel über das Thema Adoption nachgedacht. Mir ist klar geworden: Ich liebe euch sehr als meine Adoptiveltern, obwohl ich mir wünschte, ihr wäret meine leiblichen Eltern. Aber lieber hätte ich euch nicht.«

»Etwas Schöneres hast du mir im ganzen Leben nicht gesagt«, gesteht Uta und nimmt ihre Francis fest in die Arme.

Nur wenige Monate später, bevor Francis das Abitur machte, bat sie Mami:
»Ich glaube, es ist so weit. Ich möchte gerne die Adresse von Mona haben.« Umgehend leitete Uta die nötigen Schritte ein.

Für Francis war mit dem mündlichen Abitur sowohl der Abschied vom Schulleben wie auch der von Mexiko herangerückt. Auch für Uta war es der letzte Tag, den sie allein in diesem Haus verbrachte, das sich mit so vielen Erinnerungen verband. Langsam ging sie durch die Räume, als wolle sie sich alles noch einmal einprägen, bevor morgen die Möbelpacker kamen. Diesmal war das Einpacken anders als vor zwölf Jahren, als das Gesamtpaket »Familie« geschnürt wurde, um an einem anderen Ort wieder aufgeknüpft zu werden. Für Francis wurde separat gepackt. Es war die Ruhe vor dem Sturm, die Ruhe vor einer Reihe aufregender Wochen, bis am nächsten Ort wieder alles so eingerichtet war, dass die Familie von einem Zuhause sprechen konnte.

Bei jedem Abschied gehört Utas Tagebuch das letzte Wort. Liebevoll nimmt sie es zur Hand, blättert darin, liest hier und da und schüttelt den Kopf. Wie oft habe ich eine Situation falsch eingeschätzt. Rasch blättert sie weiter. Da steht:

Der erste Aufenthalt in Mexiko war voller Glück, warum sollte es diesmal anders sein.

Glück, was ist Glück? schreibt Uta. *War dieser zweite Aufenthalt ein glücklicher? Ja, er war es. Aber er war schwieriger, es gab unvorhersehbare Konflikte. Er hat besonders mich daran erinnert, dass man der Wahrheit auf Dauer nicht ausweichen kann. O ja, es war eine gute Zeit.*

Und jetzt? Was kommt jetzt? Klärchen kehrt ins Elternhaus zurück. Gott sei Dank! Ich hatte immer ein schlechtes Gewissen. Es ist hart gewesen für sie. Denn dort, wo sie war, war die Welt nicht heil. »Ich glaube, es war gut für mich, dass ich gesehen habe, wie anders es sein kann«, hat sie einmal gesagt. Tapferes Klärchen. Danke.

Und Francis, meine wirbelige, lebhafte Francis. Jetzt verlässt sie uns. Sie wird studieren. Und sie wird . . . Uta stockt. *Sie wird Mona treffen.*

Uta schlägt das Buch zu, sie überdenkt das letzte Gespräch mit Francis, das deutlich bewies, wie sehr sie hin- und hergerissen ist.

Die Kisten waren gepackt. Francis hielt das Abiturzeugnis in den Händen. Und einer Fanfare gleich schmetterte sie: »Adios doofe Schule, jetzt bin ich frei. Mir steht die ganze Welt offen.« Ein wenig verhaltener setzte sie hinzu: »Und hier gehöre ich dann nicht mehr dazu.« Uta hörte den Unterton wohl heraus, als Francis fortfuhr: »Für euch bleibt alles fast gleich, ich gehe, und Schwe kommt zurück.« Und noch leiser hatte sie sich zu der Aussage hinreißen lassen: »Ich hasse Schwe dafür, dass sie bei euch sein kann.« Uta tat, als habe sie es nicht gehört, aber es schmerzte.

Der Abschied von Mexiko fiel diesmal ungleich schwerer. Das Land war ihnen weit mehr ans Herz gewachsen als während des ersten Aufenthaltes. Uta hatte die Fahrten durchs Land und jede Begegnung mit den Bewohnern geliebt. Das furchtbare Erdbeben und die anschließenden Hilfsaktionen, an denen Uta bis zum Abschied aktiv teilgenommen hatte, hatten ein festes Band zum Gastland gewebt.

Mitten im chilenischen Winter kamen Chris, Uta und Klara nach Santiago. Sie waren neugierig und gespannt auf diesen neuen Platz und ein wenig traurig, weil Francis nicht mehr bei ihnen war. Chris versank sofort in Arbeit, Uta und Klärchen mussten für die private Grundlage sorgen. Das Klima war bei ihrer Ankunft nicht gerade einladend. Es war kalt und goss tagelang in Strömen, was den sonst trägen »Mapocho« zu einem reißenden, wild rauschenden Fluss anschwellen ließ und zahlreiche Straßen in unbefahrbare Wasserwege verwandelte. Für Kenner das alljährlich wiederkehrende Bild. Für Neulinge nicht gerade die geeignete Kulisse, ein Haus zu suchen. Und die Haussuche war die vorrangige Aufgabe für Uta und Klara. »Seien Sie froh, dass Sie im Winter ein Haus aussuchen«, tröstete ein netter Taxifahrer. »Nur wenn Ihnen ein Haus auch bei Regen und Kälte zusagt, fühlen Sie sich das ganze Jahr über darin wohl. Im Sommer sieht hier alles wunderbar aus.« Uta konnte diese Weisheit schwer verstehen. Die meisten Häuser wirkten bei diesem nasskalten Wetter tatsächlich abstoßend. Und machte ein Haus auf den ersten Blick einen guten Eindruck, fand Klara mit ihren

Argusaugen garantiert einen verborgenen Haken. Das 32. Haus war endlich das richtige: großzügig im spanischen Kolonialstil angelegt, mit einem malerischen Springbrunnen im Patio, einem Schwimmbecken im Garten, in dem ein halbes Dutzend Obstbäume stand, von jeder Sorte einer, und eine Fichte, die das Sammelsurium abrundete.

Der Taxifahrer hatte Recht gehabt. Dieses Haus, das im Winter verlockend erschien, erwies sich im Sommer als kleines Paradies. Die Familie fühlte sich schon wenige Wochen nach Einzug ganz zu Hause. Klara hatte inzwischen die Ausbildung in ihrem Traumberuf begonnen. Sie hatte sich für Kosmetikerin entschieden, ein Metier, das ihrem Naturell entsprach. Ihre zarten, weichen Hände boten die idealen Voraussetzungen dafür. Nur Francis fehlte, um dieses neue Heim zu bewundern. Uta war mit ihren Gedanken noch ganz bei Francis, als sie den Postboten hörte. Mit gekonntem Schwung warf er die Briefe unter dem Tor hindurch. Endlich war der lange ersehnte Brief von dem Anwalt, der mit der Suche nach Mona betraut war, dabei. Hastig schlitzte Uta den Umschlag auf und überflog den Inhalt:

»Nein, das darf nicht wahr sein«, hauchte sie. Tränen traten ihr in die Augen.

Mona ist höchstwahrscheinlich tot. Wieder schaute Uta auf das Blatt, da sie nicht glauben konnte, was sie las. *Sie gilt seit dem Erdbeben in Mexiko vom 19. September 1985 als verschollen, wahrscheinlich ist sie in den Trümmern des Hotels Regis umgekommen. Als einzige lebende Angehörige ist eine Schwester namens Julia Montolla bekannt.*

Das konnte nicht wahr sein. Uta lief durch Haus und Garten, immer wieder hin und her. Sie konnte sich nicht beruhigen. Warum ausgerechnet in Mexiko? Dieser 19. September 1985 blieb unvergessen. Und nun war er noch in anderer Hinsicht von Bedeutung. Langsam legte sich der innere Sturm, und die Frage trat in den Vordergrund, wie wird Francis diese Nachricht aufnehmen? Sie hatte sich so lange mit der Entscheidung gequält, sie so lange erwogen, zu lange hinausgeschoben. Uta schüttelte den Kopf. Wir werden ihr die ersten Ferien zu Hause verderben müssen.

Vier Tage vor Weihnachten kam Francis nach Santiago. Da es ein Sonntag war, standen Chris, Uta und Klara am Flughafen zum Empfang bereit. Francis wirkte müde und abgespannt.

»Kein Wunder nach dem langen Flug«, meinte Chris. Aber Uta spürte, dass Francis eher traurig war als müde. Zu Hause angekommen wurde sie durchs Haus geführt, durch den Garten. Jeden Winkel musste sie begutachten.

»Ist es nicht toll?«, ereiferte sich Klara.

»Und wo ist mein Zimmer?«, fragte Francis.

»Dies hier«, sagte Uta. »Es ist klein, aber gemütlich.«

»Das Gästezimmer«, bemerkte Francis und stellte ihre Tasche aufs Bett.

Uta versuchte, ihre Große an sich zu ziehen, spürte aber sofort, dass sie sich steif machte. Sie kramte in ihrer Tasche. Uta verstand dieses Signal, das besagte: Lass mich alleine. Sie ging aus dem Zimmer.

›Hätten wir ihr ein Zimmer für sich allein einrichten sollen?‹, fragte sie sich. In Gedanken aber war Uta bereits bei der vorherrschenden Frage: ›Wann sagen wir ihr, dass Mona tot ist?‹ Zu einem geeigneten Zeitpunkt. Nur der würde wohl nie kommen. Uta brauchte sich darüber nicht den Kopf zu zerbrechen. Francis selbst kam auf dieses Thema:

»Habt ihr noch immer nichts von dem Anwalt gehört?«

Nun blieb Uta nichts anderes übrig, als die Wahrheit zu sagen. Francis hörte sie sich an, als sei sie nicht von besonderer Bedeutung für sie. Sie fragte vielmehr:

»Was hat sie wohl in Mexiko gemacht?«

»Eine Urlaubsreise vielleicht«, meinte Uta.

»Oder sie hat mich gesucht? Wer weiß?« Uta war nicht in der Lage, mehr dazu zu sagen. Schade, es wäre gut gewesen, darüber zu sprechen.

*

12. August – Christine zündet wie jedes Jahr eine Kerze an. Sie stellt das zuletzt gemalte Bild von Klara daneben und betrachtet es.

»17 Jahre wirst du heute alt«, sagt sie an das Bild gerichtet. »Noch ein Jahr, und du bist volljährig. Es wird Zeit, dass ich dich suche.« Christine schiebt das Bildchen ein wenig zur Seite. Sie lauscht, denn sie wartet auf Peter. Vor drei Monaten ist er in ein eigenes Appartement gezogen. Noch kann Christine die Stille nicht immer ertragen, vor allem an besonderen Tagen. Und Klaras Geburtstag ist ein besonderer Tag. Peter scheint es vergessen zu haben, er kommt nicht an diesem Abend. »Ob ich sie in einem Jahr gefunden habe?« Christines Frage bleibt im Raum stehen, als sie die fast heruntergebrannte Kerze ausbläst.

Ab sofort kreisten ihre Gedanken unentwegt um die Suche nach Klara. Mehrfach sprach sie beim Jugendamt vor, bis man ihr endlich Hilfe versprach. Es dauerte viele Wochen, bis sie die Mitteilung erhielt: *Da die Adoptiveltern im Ausland leben, sind sie nicht zu erreichen.*

Christine ließ nicht locker. Sie wusste, dass die Adoptiveltern nahe Angehörige in Deutschland hatten. Erneut bot sie all ihre Überredungskünste auf und erhielt die Zusage: *Wir wollen sehen, was zu machen ist.* Und siehe da, eines Tages hieß es:

Wir haben die Adoptiveltern in Chile ausfindig gemacht und sie angeschrieben.

Wieder hieß es warten – jetzt jedoch mit der Aussicht auf Erfolg. Christine konnte ihre Vorfreude kaum zügeln. Und sie machte sich zusätzlich Mut mit den Worten:

»Es fehlen vier Monate, dann ist Klara volljährig. Dann kann keiner ein Treffen mit ihr untersagen.« Ab sofort malte sich Christine das Zusammentreffen mit ihrer Tochter in immer anderen Varianten aus.

Uta wunderte sich, wieso sie einen Brief vom Jugendamt München bekam. *Die leibliche Mutter möchte Kontakt zu ihrer Tochter Klara aufnehmen,* hieß es kurz und knapp. Ebenso kurz und knapp unterbreitete Uta ihrer Tochter diese Bitte. Kurz und knapp war Klaras Antwort:

»Die hat mich im Stich gelassen, als ich sie brauchte. Jetzt brauche ich sie nicht mehr und will sie nicht sehen.« Uta war die Vorstellung an ein Treffen zwischen Klara und ihrer leiblichen Mutter zwar nicht geheuer, aber ihr war der Gedanke an die leiblichen Mütter vertraut. An die Stelle der Angst waren Mitleid und Verständnis getreten.

»Wenn Christine dieses Kind nicht zur Welt gebracht hätte, wäre Klärchen nicht bei uns«, pflegte Uta zu sagen. Dieser Gedanke gab ihr die Kraft, bei ihr zu vermitteln. Klara jedoch blieb unerbittlich und wiederholte:

»Ich will keinen Kontakt.«

Alles, was Uta tun konnte, war in einem langen Brief von Klara zu erzählen. Und sie versprach, sie vielleicht doch noch zu einem Treffen zu überreden.

Christine las die Schilderung viele Male. Aber die Enttäuschung darüber, dass ihr Kind es ablehnte, sie auch nur einmal zu sehen, kränkte sie.

Uta berührte das Thema nicht mehr, bis sich die ganze Familie fröhlich vereint in Deutschland traf.

Schwe und Francis tuschelten und schwatzten die Nächte durch. Uta und Chris waren glücklich, dass sie wieder alle zusammen waren. Aber der Gedanke, dass Klärchens Mutter vergebens auf ein Treffen wartete, lastete auf Uta und schmälerte ihr eigenes Glück. So knobelte sie einen besonderen Plan aus: Klara hatte die Erlaubnis erhalten, ihre Freundin in Hamburg zu besuchen. Von dort aus würde sie nach München zurückfliegen.

»Glaubst du nicht, dass du dich überwinden könntest, Christine eine kurze Begegnung mit dir zu gönnen?«, fragte Uta. Da kein Einwand kam, fuhr sie fort: »Was wäre, wenn wir ihr sagten, wann du in München ankommst, und sie dich am Flughafen treffen kann, für eine Kaffeelänge vielleicht? Du würdest ihr eine ganz große Freude machen.« Geduldig wartete Uta auf die Antwort.

»Warum nicht«, sagte Klara gedehnt, »du gibst ja doch keine Ruh.« Uta war erleichtert.

Um 14.10 Uhr sollte Klara in München landen – ein Zeitpunkt, dem drei Frauen aus dem gleichen Grund mit sehr unterschiedlichen Gefühlen entgegensahen. Uta fragte sich plötzlich voller Angst: ›Was ist, wenn sich Klara spontan für ihre leibliche Mutter entscheidet?‹ Klara dachte: ›Hätte ich mich doch nicht auf diesen Vorschlag eingelassen.‹ Nur Christine fühlte sich auf dem Höhepunkt ihres Glücks. Endlich würde sie ihr Kind sehen. Ihr Kind, eine erwachsene Frau.

Nervös stand sie inmitten der Abholer, reckte sich, ließ ihren Blick über die Ankommenden gleiten. Eine von ihnen musste sie sein. Die dort, diese schlanke junge Frau mit dem stolz erhobenen Kopf und dem glatten Haar. Nur sie konnte Klara sein. Christine hob beide Arme, sie winkte ihr zu wie einem vertrauten Menschen. Auch Klara ging ohne zu zögern auf die vollschlanke Frau zu, die ihr ohne jede Frage beide Arme um den Hals legte. Sie sprach nicht, hielt sie nur fest umschlungen, dann drückte sie die Tochter ein Stückchen von sich weg, um sie richtig zu betrachten. Auch Klara sagte nichts, ein dicker Kloß schnürte ihr die Kehle zu. So standen die beiden Frauen sich eine ganze Weile gegenüber und schauten sich wortlos an.

Worte konnten ihre Gefühle nicht ausdrücken. Dann saßen sie im Café beisammen. Zaghaft erst erzählte Christine, dann Klara. Sie tranken einen Kaffee, noch einen und noch einen.

»Komm mit zu mir«, bat Christine, »du sollst deinen Bruder kennen lernen.«

Als sie Christines Wohnung betrat, war es Klara, als schwebe sie durch eine vertraute und doch fremde Welt. Genauso würde ihre Wohnung aussehen, diese Unordnung, die für Klara so selbstverständlich war, die Vorliebe für kleine Dinge: Miniaturfläschchen, Figürchen, Püppchen. Und rosa, Klaras Lieblingsfarbe, rosa, wohin sie schaute. Das hier war ihr Zuhause. Für Klara war die Zeit stehen geblieben. Erst als die Tür aufging und Peter ins Zimmer trat, wachte Klara auf. Mami fiel ihr ein. Sie bat, telefonieren zu dürfen.

»Warte nicht auf mich, es wird später«, sagte sie knapp. Während des Beisammenseins gab es keine Abrechnung, keine Rechtfertigung, keine Frage nach dem Warum, nur ein Erzählen von Ereignissen, ein gegenseitiges Kennenlernen. Ganz zum Schluss stellte Klara die Frage nach ihrem Vater.

»Ich wünschte, du würdest in sein Dorf fahren. Jeder wüsste sofort, dass du seine Tochter bist«, sagte Christine. »Wirst du es eines Tages tun?« Für eine Antwort auf diese Frage war nicht der rechte Zeitpunkt.

»Warte nicht auf mich, es wird später«, wurde für Uta zum Gespenst, das sie zu ersticken drohte, sie höhnisch angrinste: »Da hast du's. Du hast sie getrieben, du!«

Uta hatte geglaubt, großzügig sein zu können. Aber diese kurze Mitteilung klang wie »Warte nie mehr auf mich«. Chris und Francis gelang es nur schwer, Uta zu beruhigen. Auch ihnen steckte die Angst in den Gliedern.

»Morgen wird Klärchen 18 Jahre alt«, flüsterte Uta. »Jetzt ist sie volljährig.«

Irgendwann kam der beruhigende Anruf: »Sorgt euch nicht, es dauert noch ein bisschen.« Und dann, zehn Minuten vor Mitternacht, klingelte es Sturm. Als Chris öffnete, sah er einen Wagen davonfahren und Klara in der Haustür stehen. Fest umarmte er sein Klärchen. Einen Augenblick lang stand sie stocksteif, dann schlang auch sie beide Arme um seinen Hals.

»Gleich habe ich Geburtstag«, wisperte sie, »deshalb habe ich Christine gebeten, mich pünktlich hier abzuliefern.«

Es war ein wunderschöner Geburtstag.

»Wie neu geschenkt«, sagte Uta, und Chris nickte. Aber beide wagten es nicht, Klara über das Beisammensein mit Christine zu befragen. Es kam ihnen vor wie verbotenes Land.

Francis hingegen brannte vor Neugier.

»Wie war's, Schwe?«, fragte sie, als sie alleine waren. Klara zuckte mit den Achseln.

»Wie soll's gewesen sein. Spannend.«

»Wie sieht sie aus?«

»So groß wie ich, etwas dick, lockiges Haar. Ganz hübsch, finde ich.«

Wie fühlt man sich, wenn man seiner leiblichen Mutter gegenübersteht?«

»An Mutter denkt man nicht. Ich kann dir nicht recht sagen, was ich gedacht habe. Gespürt habe ich allerdings, dass mich viel mit ihr verbindet. Als gäbe es doch ein Band. Ich habe sie zum Beispiel sofort erkannt. Nur sie konnte es sein unter all den fremden Menschen. Komisch.«

»Und jetzt, wie fühlst du dich? Ist da etwas anders in dir?«

»Nein, ganz und gar nicht.«

»Bedeutet Mami jetzt etwas anderes für dich?«

»Nein.«

»Wirst du Christine öfter treffen?«

»Das glaube ich nicht. Meinen Bruder würde ich gerne öfter sehen. Mit dem möchte ich Kontakt halten. Aber mit Christine? Ich weiß es noch nicht.«

»Du hast es gut«, murmelte Francis.

»Warum?«

»Weil du sie wenigstens gesehen hast. Aber ich? Na, macht nichts«, setzte Francis rasch hinzu und versuchte, den Kloß im Hals hinunterzuschlucken.

*

Jetzt wohne ich ganz alleine mit Francis, muss sie mit niemandem mehr teilen. Ob mir das gefällt? Teddy brummte unverständlich vor sich hin, was in etwa heißen sollte: Wenn sie noch die alte Francis wäre, ganz bestimmt. Aber meine Francis hat sich verändert. Sie weint oft, sie redet laut und aufgeregt im Traum. Wenn sie mich in den Arm nimmt, ist ihr Druck hart und ungeduldig. Oft schimpft sie tüchtig und neulich hat

165

sie sogar eine Tasse an die Wand geknallt. Wütend war sie früher auch, aber es war eine lebendige Wut, die rasch in fröhliches Lachen umschlug.

Jeden Morgen geht sie mit traurigen Augen weg und kommt mit traurigen Augen nach Hause. Am Wochenende kriecht sie meist nur kurz aus dem Bett. Sie singt und trällert nicht mehr. Zu Besuch kommt nur selten jemand. Ob meine Francis krank ist? Sie sollte mal zum Doktor gehen. Könnte ich doch ein Stückchen der Francis von damals hervorzaubern. Irgendwo muss noch etwas stekken, denkt Teddy. Denn langsam werde auch ich trübsinnig. Und dann hat Francis niemanden mehr, der sie aufrichten kann. Vielleicht morgen schon wird Francis wieder lachen.

Ich irrte. Francis Gesicht hellte sich nicht auf. Nicht, wenn die Sonne schien, nicht wenn es Flocken dick wie Watte schneite. Und es hellte sich nicht auf, wenn ein Brief von Mami kam. Oft las sie ihn nicht einmal richtig. Neulich hat sie sogar laut vor sich hingeschimpft.

»Die können es sich sparen, zu schreiben. Ich bin ja doch vergessen. Stehen nur Lügen drin in den Briefen: ›Wir vermissen dich, wir denken oft an dich, wir haben dich lieb‹.« Francis verhöhnte diese Sätze und verzog das Gesicht zur Fratze. »Verlassen haben sich mich, jawohl verlassen. Mein Zuhause haben sie verkauft und sich ein neues genommen.« Dann hat Francis sich weinend aufs Bett geworfen: »Keiner hat mich lieb«, jammerte sie, »keiner.«

Es brach mir fast das holzwollene Herz.

Als ich bemerkte, dass Francis ihre Tasche packte, freute ich mich. Sie wird zu Mami und Papi fahren, dachte ich. Aber dem war nicht so. Francis war schon drei Tage später wieder zurück. Auch nicht fröhlicher, als sie weggefahren ist.

So verging die Zeit. Viele tausend einsame Teddystunden verstrichen, ohne dass sich etwas ereignete, zumindest etwas, was mich erfreut hätte. Eines Tages klingelte es laut und anhaltend an der Tür. Francis öffnete, und schon ergoss sich ein Wortschwall in die sonst so stille Wohnung. Steffi war gekommen. Francis konnte es kaum fassen . . .

»Steffi, du?« Und schon hing sie der Freundin weinend am Hals.

»Ja, ich. Wenn du dich nicht rührst, keinen Brief beantwortest, du faules Stück, muss ich ja kommen. Sag, bist du so eingespannt, dass dir keine Sekunde Zeit bleibt?«, fragte Steffi und ließ sich auf Francis' Bett plumpsen. »Hast wohl nur noch Augen und Ohren für die neuen Leute, was?«, fragte sie scherzhaft und musterte die Freundin. »He du! Du sagst ja nichts.« Steffi änderte ihre forsche Tonart, besorgt fragte sie. »Geht es dir nicht gut?«

»Och«, Francis zuckte die Achseln. »Es geht so.«

»Was machst du überhaupt? Studierst du? Arbeitest du? Hast du dich hier eingelebt? Wie es scheint, wohnst du alleine hier.« Steffi schoss die Fragen am Band ab, während Francis Saft aus dem Kühlschrank holte und eine angebrochene Packung Kekse auf den Tisch legte.

»Du brauchst dich nicht zu beeilen«, sagte Steffi und zog die Beine hoch. »Ich bleibe eine Weile.«

Es dauerte nicht lange, bis eine emsige Unterhaltung im Gange war. Oder besser gesagt, Steffi redete wie aufgezogen, dass sie in Mexiko angefangen habe, Medizin zu studieren und sie jetzt die Semesterferien in Deutschland verbringe.

»Ich habe zwei Monate in einem Krankenhaus gejobbt«, erzählte sie, »Junge, Junge, das war eine Plackerei. Die schenken dir nichts. Aber ich bereue es nicht. Jetzt mache ich noch eine Weile Ferien und reise herum. Nun bin ich bei dir und hoffe, wir machen ordentlich was los. Oder?«

Irgendwie kam ihr die Freundin eigenartig vor. Francis war doch immer die Erste, wenn es darum ging, etwas zu unternehmen.

Schleppend erzählte Francis von ihren Berufsplänen. Kunsttherapeutin wollte sie werden. Dafür musste sie erst eine abgeschlossene Lehre vorweisen.

»Die mache ich zur Zeit in einer Werbeagentur«, erklärte sie.

»Macht es Spaß?«, wollte Steffi wissen.

»So, so«, wieder machte Francis eine vage Bewegung mit dem Kopf.

»Francis«, Steffi sprach jetzt so leise, dass ich sie kaum hören konnte, »rück raus mit der Sprache. Da ist doch was?« Es war, als habe Steffi einen prall gefüllten Wasserballon angestochen. Francis begann zu weinen, und es schien, als wollte sie nicht mehr aufhören. Sie weinte, bis nur noch ihre Schultern zuckten. Als sie hörbar die Nase hochzog, reichte Steffi ihr ein Taschentuch und strich ihr sacht über den Rücken.

*»Armes«, sagte sie, »da hat sich aber eine Menge aufge-
staut. Erzähl mal!«*

Und Francis erzählte stockend:

*»Ich bin sauer, traurig, ach ich weiß auch nicht. Aber ich
fühle mich irgendwie . . . na halt wie jemand, der niemanden hat, der von niemandem gemocht wird, der halt
gar nicht mehr da zu sein braucht.«*

»Und was ist mit deinen Eltern und Schwe?«

*»Ach, Mensch, geh mir weg mit denen.« Wieder fing
Francis an zu weinen. »Für die bin ich tot, weg, abge-
schrieben.«*

»Was heißt das?«, bohrte Steffi.

*»Na, die leben ihr eigenes Leben. Unser Zuhause in
Mexiko gibt es nicht mehr. Und in Santiago habe ich
nicht einmal ein eigenes Zimmer. Das Gästezimmer
haben sie mir zugeteilt. Als ich da war, kam ich mir vor
wie unter Fremden. Keine Freunde, keine vertraute
Umgebung. Ich könnte auch in Santiago studieren, haben sie mir angeboten. So'n Schwachsinn. Was soll ich
denn da?«, ereiferte sich Francis. »Ich habe die Nase
voll und gewöhne mich langsam daran, alleine zu sein
auf dieser Welt.«*

*Bislang hatte Steffi ruhig zugehört. Jetzt stand sie auf und
ging mit einem Schritt auf Francis zu. »Jetzt langt's aber«,
schrie sie. »Du ersäufst ja geradezu im Selbstmitleid. Das
kann kein Mensch mit anhören. Ich kenne deine Eltern
und kann nur sagen: Du tickst nicht richtig. Deine Eltern
und dich nicht mögen, dass ich nicht lache. Wie ich deine
Mutter kenne, ist sie tief traurig darüber, dass du so lange nicht gekommen bist.«*

»Und warum kommt sie nicht zu mir, wenn es mir doch so schlecht geht, ich so alleine bin«, begehrte Francis auf. »Deine Mutter? Hierher? Na hör mal. Wenn jede Mutter ihrem Kind ins Studium nachlaufen würde, nur weil es durchhängt«, Steffi schnaufte ärgerlich und warf sich wieder aufs Bett.

»Bist du reisefähig? Bitte, pack deinen Kram und fliege rüber. Frag deine Eltern, ob du ihnen gleichgültig bist. Schleudere ihnen all das entgegen, was du gerade ausgespuckt hast, wenn du sie verletzen willst.«

»Wenn du sie verletzten willst«, Francis wiederholte diese Worte mechanisch wie eine Puppe. Dann sprudelten die Worte: »Ich habe besonders Mami oft wehgetan, aber ich konnte nicht anders. Ich habe mich unendlich damit geplagt, zwei Mütter zu haben. Sie verschmolzen oft zu einer einzigen Person. Wie in einem Schmelztiegel vermischten sich Wut, Enttäuschung und Sehnsucht wegen meiner leiblichen Mutter gegenüber meinen Gefühlen für Mami. Wenn sie mir etwas Liebes tat, kam in mir statt eines Danks eine unerklärliche Wut auf die Figur ›Mutter‹ empor. Mutter war für mich etwas Undefinierbares geworden, etwas, was Angst einflößt. Ich komme nicht damit zurecht.« Danach blieb es lang still zwischen den Freundinnen.

»Von dieser Seite habe ich deine Situation nie betrachtet«, gab Steffi zu.

»Konntest du ja auch gar nicht.« Bei Francis zeichnete sich bereits ein kleines Lachen ab. »Du hast ja nie in einer ähnlichen Lage gesteckt. Aber du hast schon recht, Steffi. Trübsinn hilft niemandem.« Francis rappelte sich

vom Bett hoch. »Nicht weit von hier gibt es einen Bier-
garten. Was meinst du, gehen wir hin?«

Als die Zwei zurückkamen, war es tiefe Nacht, und mit
der Ruhe war es vorbei. Die beiden kicherten und tuschelten, ratschten und klatschen bis zum Morgen.

Zwei Tage später fuhr Steffi wieder ab. An der Innenseite
der Klotür hatte sie einen Zettel befestigt, auf dem stand:
Schuld am Selbstmitleid hast nur du. Daneben hatte sie
eine lachende Fratze gemalt. Ob Steffis Besuch etwas
bewirkt hat? Ein wenig schon. Ich höre Francis jetzt öfter lachen beim Anblick des Kloplakates. Und gegen das
Mexikoheimweh hatte Steffi ein gutes Mittel. Sie überre-
dete Francis, am sogenannten »Heultreffen« ehemaliger
Schüler der deutschen Schule in Mexiko teilzunehmen.

»Sind so viel Ehemalige jetzt in Deutschland?«, hatte
Francis sich gewundert:

»Komm selbst. Du wirst überrascht sein«, prophezeite
Steffi.

Francis fuhr hin. Sie lächelte, als sie zurückkam. Sie fuhr
wieder und wieder hin, jeden Monat einmal. Dann war
es mir, als könne sie die Zeit von einem Heultreffen zum
andern kaum erwarten.

Warum eigentlich Heultreffen? fragte ich mich. Eines
Tages kam ich dahinter: Weil es so schön ist, Mexiko im
Chor nachzuheulen.

Das erste Jahr in Santiago verging wie im Flug, ebenso
das zweite. Der dritte Sommer hatte gerade das Weihnachtsfest verabschiedet. Klara würde bald ihre Ausbildung beenden und schmiedete schon Pläne, was sie dann

machen wollte. Sie liebäugelte damit, in die USA zu gehen, für eine geraume Zeit zumindest, denn die Arbeitserlaubnis würde sie nicht bekommen. »Aber ein bisschen schwarz arbeiten nebenbei«, sagte sie mit einem Augenzwinkern. Klara liebte das Abenteuer, auch wenn es riskant war.

Uta hatte inzwischen verschiedene Aktivitäten aufgebaut. Am liebsten war ihr die Arbeit mit den unterernährten Säuglingen. So oft sie Zeit hatte, fuhr sie in das Heim, wo die Ärmsten der Armen aufgepäppelt wurden. Sie half, die Winzlinge zu füttern, zu baden, sie herumzutragen und ihnen ein wenig Liebe zu geben.

Oft wanderten ihre Gedanken voller Sorge zu ihrer Großen. Francis Briefe klangen fremd. Sie sagten wenig aus, ließen von Francis selbst nichts erkennen. Nie schimmerte der Wunsch durch, dass sie gerne kommen würde. Und das bedrückte Uta. Aber Chris meinte:

»Lass sie. Francis muss sich an ihr Leben gewöhnen und lernen, auf eigenen Beinen zu stehen. Je länger sie es alleine schafft, umso besser.«

Uta ließ sich beruhigen. Es war sonst alles so wunderbar. Und das wollte sie genießen.

»So lange wie's dauert«, pflegte sie scherzhaft zu sagen.

Und es dauerte nicht lange. Es war ein Sonntag, Klärchen wollte mit ihrer Freundin Vera und ihren beiden Freunden an die Küste fahren. Es war fast noch Nacht, als sie angstschlotternd ins elterliche Schlafzimmer kam.

»Mami, ich habe furchtbare Angst«, rief sie.

»Aber wovor denn?«, fragte Uta schlaftrunken.

»Dass etwas Schreckliches passiert.« Klara zitterte noch, ließ sich aber von den Eltern beruhigen. Als sie eine Stunde später das Haus verließ, schliefen sie wieder, wurden jedoch wenig später vom Telefon geweckt. Eine fremde Stimme sagte:

»Ihre Tochter hatte einen Unfall. Kommen Sie zur Ecke Bilbao mit Antonio Varas. Machen Sie sich keine Sorge, es ist nicht schlimm«, setzte der Unbekannte hinzu.

Minuten später waren Chris und Uta unterwegs. Als sie zu dem angegebenen Unfallort kamen, sahen sie einen umgestürzten Autobus und einen kaum noch zu erkennenden weißen PKW, Klaras Auto. Es wimmelte von Polizisten und Schaulustigen. Uta war bei diesem Anblick wie gelähmt, und doch hastete sie über die Straße.

»Lebt sie«, schrie sie einen Polizisten an und deutete auf den zertrümmerten Wagen. »Sie hat ihn gefahren. Lebt sie?«, wiederholte Uta. »Wo ist sie?« Ihr war, als bestünde sie aus zwei Wesen, eines, das sie bewegte, ein anderes, das für sie sprach und handelte.

»Die Verunglückten sind alle im Krankenhaus«, erfuhr sie. Am Unfallort ist keiner gestorben«, erklärte der Beamte kurz angebunden.

Auch im nahegelegenen Unfallkrankenhaus bekamen Uta und Chris zunächst keine Auskunft. Das Personal hatte alle Hände voll zu tun mit den Verletzten. Aber Uta machte vor keiner Tür halt, jeden Weißbekittelten sprach sie an. Sie flehte so lange, bis man sie für einen Augenblick in ein Behandlungszimmer ließ. Von der Tür aus sah sie zwei Liegen mit je einer bis zum Kinn zugedeckten Person, die eine ohne sichtbare Verletzungen, die andere blutüberströmt. Für Uta gab es keinen Zweifel, Klärchen war die Unverletzte. Sie trat an diese Liege und flüsterte: »Klärchen, mein Scha . . .«, dann drohte sie, das Bewusstsein zu verlieren. Das war nicht Klärchen. Mühsam drehte Uta sich um zu dem anderen Bett, zu Klärchen, die sie aus weit aufgerissenen, angstvollen Augen und einem Gesicht voller blutender Schnittwunden anschaute.

»Mein Schatz«, flüsterte Uta mühsam, »ich bleibe bei dir, hab keine Angst.« Vorsichtig griff sie nach Klaras Hand. Aber die Schwester hatte kein Erbarmen. Sie mahnte: »Die Patientin muss versorgt werden. Sie müssen gehen. Ihre Tochter hat keine lebensbedrohenden Verletzungen«, setzte sie freundlich hinzu.

Widerstrebend verließ Uta den Raum. Wenigstens konnte sie Chris die beruhigende Nachricht bringen, Klara würde leben.Die vier jungen Leute hatten Glück im Unglück gehabt, als bei dem ruhigen Verkehr des Sonntagmorgen der Autobus die rote Ampel übersah und den PKW an der Seite voll erwischte. Allein der Umstand, dass sie angeschnallt waren, hatte ihnen das Leben gerettet. Klara war am schwersten verletzt. Neben den Schnittwunden im Gesicht hatte sie das Becken gebrochen und das linke Bein.

»Sie ist jung«, tröstete der Arzt, »das heilt alles, aber es dauert.«

Uta besorgte ein Krankenhausbett und erhielt die Erlaubnis, dass Klara zu Hause liegen durfte. Einmal in der Woche sollte sie im Krankenwagen zur Kontrolluntersuchung ins Krankenhaus abgeholt werden. Zwei Monate mindestens würde sie fest liegen müssen. Uta war selig, als der Krankenwagen zu Hause vorfuhr und Klara in das vorbereitete Bett gelegt wurde.

»Dann mal zu«, sagte Uta. »Üblicherweise sind meine Patienten nicht mehr als ein Armvoll. Jetzt aber . . .«

Man kann alles lernen, auch täglich langes Haar im Bett waschen. Klaras Bett stand im Wohnzimmer, und auf einer Liege schlief Uta neben ihrem Klärchen. Der Unfall schien alles Spröde, alles Abweisende in Klara zertrümmert zu haben. Was geblieben war, war das Schmusekätzchen, das sie einst war, die sich gerne verwöhnen ließ, aber zugleich betont rücksichtsvoll und anspruchslos war. Viele kamen zu Besuch. Und jedem erklärte Klara auf die Frage, wie sie es aushalte:

»Ist alles nicht so schlimm. Meine Mami schläft bei mir.«

Als der Schrecken und die anfängliche Sorge vorüber waren, empfand Uta diese Zeit als eine wunderbare Erfahrung, die sie ihr Kind noch einmal so ganz nah erleben ließ.

Drei Monate später war Klara wieder gesund. Die Narben im Gesicht verblassten mit der Zeit. Unter Schminke waren sie bald gar nicht mehr zu sehen. Das Leben hatte erneut seinen gewohnten Rhythmus gefunden. Auch die Briefe von Francis klangen wieder lebendiger.

Ich rappele mich auf, klettere gerade aus dem ollen, stinkenden Loch. Mein Gott, welchen Unrat habe ich um mich herum aufgehäuft. So viel Blödsinn. Ich muss ehrlich sein, alleine habe ich es nicht geschafft. Jemand ganz Liebes hilft mir. Erinnert ihr euch an Oliver? Ich traf ihn beim ›Heulfest‹ der Ehemaligen. Und jetzt sind wir ineinander verliebt. Bald kommen wir beide, denn Oli möchte euch etwas ganz, ganz Wichtiges fragen. Ratet ihr, was es sein wird?

*

»Sind wir tatsächlich schon zwei Jahre wieder in Deutschland?«, fragt Uta und kramt in einem Kasten mit Fotos.
»Ja, warum?« Chris ist in ein Computerprogramm vertieft und ein wenig ärgerlich über diese störende Frage.
»Weil sich schon wieder ein ganzer Berg Fotos angesammelt hat.« Wahllos greift Uta einen Packen Bilder. »Unser Abschied in Santiago«, sie betrachtet die Fotos, und in ihr wird das vergnügt-traurige letzte Fest lebendig.
»Ihr seid ja nicht zu retten, nach Deutschland zurückzugehen«, hatten Freunde gehöhnt. »Ihr werdet es bereuen. Kein vernünftiger Mensch verlässt freiwillig das schönste Land dieser Erde.«
Auch Klara hatte kein Verständnis für diese Entscheidung. Aber Uta und Chris sagten immer wieder: »Warum nicht?«
Ein wenig beklommen war ihnen schon, bei dem Gedanken, nach 26 Jahren in die Heimat zurückzukehren.
»So weit von den Kindern«, meinten viele.
»Fällt es euch denn überhaupt nicht schwer, die Kinder so restlos wieder herzugeben?«, wunderten sich andere.
»Die Kinder sind keine Kinder mehr. Sie gehen jetzt ihre eigenen Wege«, war die Meinung von Uta und Chris. Und zu dem Thema »hergeben« hatten sie ihre Erfahrungen.
Uta schaut weiter die Bilder durch. Viele zeigen Francis

176

als Braut, Francis und Oli, die Familie, Freunde und viele Gäste, die Uta gar nicht kannte. *Hochzeit Francis- Oli 1991* hatte jemand auf die Rückseite eines Bildes gekritzelt, das nur Francis zeigte. Und mit einer anderen Schrift stand darunter: *Der schönste Tag in ihrem Leben.*

»Der schönste Tag in ihrem Leben«, wiederholt Uta. O ja, es war eine Hochzeit, wie sie harmonischer und festlicher nicht hätte sein können.

»Der Zeiger steht auf: alle Wünsche sind nun erfüllt«, hatte einer der Hochzeitsgäste in seiner Rede gesagt. Uta schaut sich das Bild ihrer Francis genauer an. Liebevoll streicht sie mit dem Finger darüber. Auch an diesem schönsten Tag ihres Lebens steckte ein wenig Trauer in ihren Augenwinkeln. Uta erinnert sich an den Moment, als sie ihre Francis nach der Trauung in die Arme schloss und fest an sich drückte. »Werde glücklich mein Kind«, hatte sie ihr zugeflüstert und zugleich gespürt, wie Francis sich versteifte. Uta gab sie frei. »Du denkst an sie?« hatte sie ihr zugeflüstert. »Das ist recht so. Mona ist bei dir. Sie ist stolz auf dich.« Noch bevor Uta den letzten Satz beenden konnte, hatte Klara sich zwischen sie gedrängt. »Mach's gut«, hatte Schwe ihr gut gelaunt geraten. »Wenn's bei dir klappt, mache ich es vielleicht nach, aber nur vielleicht.«

Uta hatte ihre beiden still beobachtet und sich gewünscht: Wenn sie doch nur sprechen könnte.

Uta steckt das Bild zurück und fischt ein Faltblatt heraus, auf dem steht: *Hurra, wir sind drei. Am 15. Dezember 1992 wurde unsere Patricia geboren, so kräftig wie der Vater und so hübsch wie die Mutter.* Uta lächelt und betrachtet das Foto ihrer bezaubernden ersten Enkelin.

»Das Abendessen ist bereit«, verkündet Chris und holt Uta aus ihrer Traumwelt zurück. »Wenn du dich in etwas vertiefst«, witzelt er, »lässt du uns glatt verhungern.«

»Verhungern?« Uta schmunzelt: »Gut zu wissen, wenn ich nächstes Mal wieder keine Lust auf Küche habe.«

Uta und Chris hatten sich mühelos wieder in Deutschland eingewöhnt. Beide genossen es, frei über reichlich Zeit verfügen zu können. Zeit, von der sie viele Stunden an ihren Schreibtischen verbrachten, Zeit für lange Spaziergänge und vor allem Zeit für ihre spontanen Reisen, häufigen Besuche von Freunden und vor allem von Francis mit ihrer kleinen Familie aus Sao Paulo und Klara, die nach wie vor mit ganzem Herzen an Santiago hing.

»Ruhestand, so bezeichnet man diese Lebensphase?«, fragte Klara eines Tages mit ernstem Gesicht. »Schwer zu verstehen. Aber ich sag's ja, die deutsche Sprache ist für mich zu kompliziert.«

»Wart es nur ab, mein Schatz«, meinte Uta, »der Ruhestand kommt. Aber wir schieben ihn noch lang, lang hinaus.«

Bei Francis und Oliver hatte sich wieder ein Kind angemeldet.

»Diesmal wünsche ich mir Unterstützung«, meinte Oliver. »Das Gleichgewicht der Geschlechter muss unbedingt gewahrt bleiben.« Francis versprach zu tun, was sie könne. Auch diesmal ging es ihr während der Schwangerschaft glänzend. Bis sie eines Tages über kaum auszuhaltende Kopfschmerzen klagte. Die Ärztin diagnostizierte Hirnhautentzündung. Eine schlimme Diagnose. Oliver versuchte, Uta und Chris telefonisch zu beruhigen. Es bestehe keine Gefahr, nicht für Francis und nicht für den fünf Monate alten Fötus.

Uta und Chris waren voller Sorge und Angst, bis am 16. April 1995 Marinja gesund geboren wurde. Die besorgten Großeltern atmeten auf und ließen es sich nicht nehmen, ihr zweites brasilianisches Enkelkind persönlich zu bewundern. Utas Urteil:

»Das Traumbaby des Jahres.« Auch Oliver war voller Stolz und erklärte:

»Die Söhne kommen später. Als echte Kavaliere lassen sie ihren Schwestern den Vortritt.«

In Hochstimmung kehrten Uta und Chris nach Hause zurück.

Bald aber schon kroch eine neue Sorge hervor. Francis kam nicht recht auf die Beine. Sie war lustlos. Die Arbeit mit den beiden Kindern bereitete ihr Schwierigkeiten, und die Reibereien mit dem Dienstmädchen machten sie nervös. Oliver beobachtete dies eine Weile, dann suchte er Rat bei ihrer Ärztin. Die beruhigte ihn, dass es hin und wieder zu nachgeburtlichen Depressionen komme. Das würde sich aber von selbst wieder legen. Oliver wartete vergebens darauf, dass seine Francis wieder so fröhlich, so lebendig würde wie nach der Geburt von Patricia.

Auch die Ärztin beobachtete ihre Patientin mit Sorge. Sie nahm sich viel Zeit für Francis, führte lange Gespräche mit ihr. So erfuhr sie, dass Francis seit der Hirnhautentzündung übergroße Angst um ihr Baby hatte. Und dass sich diese Angst stets mit ihrer eigenen Geburt verband.

Sie sah sich wiederholt als Neugeborenes irgendwo verlassen, verstoßen, hin- und hergeschoben und ohne einen Menschen, der sie liebte. Sie fragte sich:

»Wie oft mag ich geweint haben, ohne dass ein liebevoller Mensch mich aufgenommen hat.« Dann wieder steckte sie in der Rolle ihrer leiblichen Mutter, meinte, ihre ausweglose Situation am eigenen Leib zu spüren, eine Angst, die sich wiederum mit der Vorstellung verband, ihr eigenes Kind zu verlieren.

»Es ist ein Teufelskreis, der mich nicht mehr loslässt«, erklärte Francis und wirkte erschöpft, als fechte sie einen körperlichen Kampf aus.

»Haben Sie mit Ihrem Mann darüber gesprochen? Oder mit Ihrer Adoptivmutter.« Francis schüttelte den Kopf.

»Das würde doch keiner verstehen.«

»Und Sie wissen gar nichts von Ihrer leiblichen Mutter? Nichts über die Gründe für die Adoption?« Wieder schüttelte Francis den Kopf. »Können Sie mit der Familie Ihrer leiblichen Mutter Kontakt aufnehmen?« Francis zuckte die Schultern. »Es wäre wichtig für Sie, Ihre biologischen Wurzeln zu kennen«, riet die Ärztin.

»Die biologischen Wurzeln kennen.« Dieser Satz rumorte in Francis' Kopf. Es gab Augenblicke, da lockte es sie, sich unverzüglich an die Nachforschung zu begeben. Dann wieder schreckte sie davor zurück mit der Frage: Was soll es mir bringen? Mona ist tot. Wer sonst kann mir eine Antwort geben?

Endlich besprach Francis ihre Sorge mit Oliver. Er riet ihr eindringlich zur Suche.

»Versuche es zumindest. Lass uns an die Schwester von Mona herantreten. Sie muss etwas wissen.« Francis zögerte noch.

»Wir haben nur den Namen Julia Montolla und dass sie in Madrid lebt.«

»Na und? Das reicht allemal, einen Menschen zu finden.«

Die Suche nach Julia dauerte zwei Monate.

»Und was nun?«, fragte Francis ihren Oliver.

»Schreib ihr, sag, wer du bist und dass du mehr über deine leibliche Mutter wissen möchtest.«

Francis verfasste viele Entwürfe für diesen Brief. Einmal gab sie eine sachliche Auflistung der Ereignisse von ihrer Geburt an, dann setzte sie einen gefühlsbetonten Text auf, erklärte genau, weshalb sie diesen Kontakt suchte. Letztendlich entschied sie sich für einen kurzen sachlichen Brief.

*

19. September 1995 – es verspricht ein sonniger, warmer Tag zu werden. Julia steht früh auf wie immer. Carlos ist auf Reisen, so deckt sie nur für sich und Graciela den Frühstückstisch. Während sie die gewohnten Handgriffe rein mechanisch verrichtet, ist sie in Gedanken versunken. Sie reagiert nicht, als Graciela sie mit einem fröhlichen »Guten Morgen, Mama«, begrüßt. Erst als sie sich zu ihr hinüberbeugt, um ihr einen Kuss zu geben, wacht Julia auf. »Guten Morgen, Liebes.«

Hastig streicht Graciela ihr Frühstücksbrot.

»Ich muss heute ein wenig früher weg. Ich soll Mariella mitnehmen. Wir wollen noch . . .« Graciela bricht ab, forschend schaut sie ihre Mutter an. »Ist was?«, fragt sie besorgt.

Julia nickt, ihre Schultern zucken.

»Heute vor 10 Jahren ist Mona umgekommen«, murmelt sie.

»Ach, ja. Das hatte ich ganz vergessen.« Es tut Graciela Leid, dass sie nicht an diesen besonderen Tag gedacht hat. »Ich verstehe, dass du traurig bist. Soll ich bei dir bleiben?« Mitfühlend legt sie die Arme um Julia.

»Nein Kind, ich komme schon zurecht. Ich gehe nachher zum Friedhof und bringe frische Blumen zum Grab unserer Eltern.«

»Und dann?« Wieder zuckt Julia die Schultern.

»Es wird schon, Liebes, mach dir keine Sorgen. Hinterher gehe ich vielleicht noch zu Alicia. Schade, dass Papa nicht da ist.«

»Ja, schade. Und du bist ganz sicher in Ordnung? Ich muss mir keine Sorgen um dich machen?«

»Ganz sicher, Kind. Und nun geh.«

Als Julia alleine ist, schenkt sie sich noch eine Tasse Kaffee ein und holt sich Monas Erinnerungskasten hervor. Einerseits tut es ihr weh, die wenigen Dinge, die ihrer Schwester am liebsten waren, zu berühren. Andererseits fühlt sie sich ihr so nah. Liebevoll streicht sie mit den Fingerspitzen über das polierte Holz des Biedermeierkästchens, hebt den Deckel hoch. Obenauf liegen zwei Fotos, das eine zeigt Mona mit zwölf Jahren, neben ihr Julia als Fünfjährige, die zu der großen Schwester aufschaut. ›Das war nicht immer so zwischen uns‹, denkt Julia und nimmt das andere Bild zur Hand, das Mona im

Alter von 25 Jahren zeigt. ›Wie traurig sie darauf aussieht. Gar nicht wie die erfolgreiche junge Frau, die sie damals war.‹ Julia tastet nach den kugelförmigen, goldenen Ohrclips, die Mona fast immer getragen hat. ›Wer mag ihr die geschenkt haben? Sie behandelte sie fast wie eine Reliquie.‹ Dann gab es da noch ein Paar weiße Glacéhandschuhe, die Julia in ihrem Nachttisch gefunden hatte, und ein Papier, offensichtlich aus einem handschriftlichen, auf Deutsch geschriebenen Brief ausgeschnitten. Julia beherrscht die deutsche Sprache nicht sehr gut. Sie entziffert nur etwas von einer Felizitas, die ein kerngesundes und willensstarkes Baby sei. Das Kind einer deutschen Freundin vielleicht? Aber es muss für Mona eine besondere Bedeutung gehabt haben. Monas Schmuck. Julia hat noch immer nicht gewagt, ihn zu tragen. Sie nimmt eine besonders schöne, zweireihige Perlenkette in die Hand. »Heute werde ich sie umlegen«, beschließt sie und sortiert all die anderen Dinge in den Kasten zurück. Sie ist noch ganz in Gedanken bei ihrer Schwester, als der Postbote klingelt. Er bringt einen Luftpostbrief mit einer ihr unbekannten Handschrift. Sie liest:
Liebe Julia Montolla, höchstwahrscheinlich ist Ihnen bekannt, dass Ihre Schwester Mona eine unehelich geborene Tochter hatte, die sie 1967 zur Adoption gegeben hat. Ich, Franziska Felizitas, bin diese Tochter und möchte Sie bitten, mir den Kontakt zu Ihnen zu erlauben.
Julia lässt den Brief sinken, sie betrachtet ihn als Ganzes, glaubt, er löse sich gleich auf, sei Bestandteil eines Traums, der ihr die Erinnerung an Mona vorgegaukelt hat. Aber nein, der Brief ist Wirklichkeit, er knistert, er

lässt sich knüllen. Und sein Inhalt? Sein Inhalt kann nicht wahr sein. Julia streicht das Papier glatt, sie starrt auf die gleichmäßig geschriebenen Buchstaben. *Ich, Franziska Felizitas, bin diese Tochter.* Julia sitzt wie gelähmt. Dann fällt ihr der eigenartige Zettel im Kasten ein. Hastig kramt sie ihn hervor. Sollte ein Zusammenhang bestehen zwischen dieser Franziska und diesem kerngesunden und willensstarken Baby? Ein Kind von Mona? Julia schüttelt den Kopf. Irgendwann hätte sie es mir gesagt. Irgendjemand würde es wissen.

»Es kann nicht sein«, sagt sie laut. Sie muss sich davon überzeugen, dass sie nicht träumt. Eilig verlässt sie das Haus, atmet tief die frische Morgenluft ein. Den kurzen Weg zum Friedhof legt sie zu Fuß zurück. Lange steht sie vor dem Grab. Sie hält Zwiesprache mit den Eltern: »Habt ihr gewusst, dass Mona ein Kind hat? Eine Franziska?«, murmelt sie. ›Nein, unsere Eltern wussten es bestimmt nicht. Solch eine Schande hätte sie früher ins Grab gebracht.‹ Dann driften Julias Gedanken zu Mona. Sie versucht, sich die Schwester in alltäglichen und in besonderen Situationen vorzustellen. Aber nie und nirgends findet sie einen Hinweis, der auf ein Kind schließen lässt.

›Felizitas‹, da plötzlich schießt es ihr wie ein Blitz durch den Kopf. Der Tag von Gracielas Taufe, als Mona mit einem Schrei zusammenbrach, aus dem Felizitas herauszuhören war. Wie im Schlaf wandelnd verlässt Julia den Friedhof. Felizitas, Franziska, was ist wahr an dieser Geschichte, die ihr ausgerechnet an Monas zehntem Todestag ins Haus flattert? Und was, wenn es eine

Hochstaplerin ist? Eine Betrügerin, die genau den richtigen Zeitpunkt abgepasst hat? Wenn jemand Wind bekommen hat von dem Erbe der Eltern, von Monas Vermögen?

Und wenn es wirklich eine Tochter von Mona gibt? Julias Herz beginnt schneller zu schlagen. Wenn auf diese Weise noch ein Stück von Mona lebt? Julia spürt, wie eine kleine Freude in ihr auflodert. Sofort ruft sie sich zur Ordnung. Sie hört Carlos sagen:

»Die Person schauen wir uns mal näher an. Beweisen soll sie es, dass sie Monas Tochter ist.«

Francis ahnte nicht, in welche Verwirrung sie Julia mit ihrer Anfrage gestürzt hatte. Heimlich hatte sie damit gerechnet, dass Julia ihr zumindest eine freundliche Antwort schreiben würde. Stattdessen forderte sie von ihr, die Richtigkeit ihrer Behauptung zu beweisen. Nichts einfacher als das. Francis schickte die Kopie ihres ersten Kinderausweises, mit dem sie als Baby nach Mexiko gereist war. Er lautete auf den Namen Felizitas Silicio. Wenn ihr das nicht reiche, könne sie gerne die Adoptionsurkunde einsehen, aus der hervorging, dass eine Mona Silicio sie am 4. Juli 1967 in München zur Welt gebracht hat.

Jetzt gab es keinen Zweifel mehr, dass Francis die Wahrheit sagte. Langsam und zaghaft bahnte sich ein Briefwechsel zwischen Julia und Francis an. Francis schickte die ersten Bilder von sich, von Oliver, Patricia und Marinja. Julia gab nach und nach Einzelheiten über Monas Leben preis, erzählte von sich und ihrer Familie. Unausgesprochen blieb die Frage: Wollen, können wir uns persönlich treffen? Daran war nicht nur der zwischen ihnen liegende Atlantik Schuld.

Bei Francis und Oliver kam noch ein Baby an. Diesmal war es ein strammer Junge, Pascal genannt. Es war abzusehen, dass er der Vorzug seiner Mutter, der Stolz des Vaters und Hahn im Korb zwischen seinen bildhübschen Schwestern werden würde.

Julia konnte nun auch nicht mehr umhin, Freude und Stolz über diese Familie zu empfinden. So wuchs hüben und drüben gleichermaßen der Wunsch, die Familienbande durch persönliches Kennenlernen zu festigen.

Was haltet ihr davon, schrieb Francis an ihre Eltern, *wenn wir uns im Sommer irgendwo alle miteinander treffen*?

Uta und Chris hatten lange schon auf diesen Vorschlag gewartet. Sie freuten sich natürlich, dass sie mit einbezogen wurden. So kam es, wie Francis es wünschte. Carlos und Julia sollten nach Deutschland zu Uta und Chris kommen, während Francis mit Oliver und den drei Kleinen bei ihnen herrliche Sommerwochen verlebten.

»Wenn mir die Leute nicht gefallen, kann ich mich hinter euch verkriechen«, hatte Francis gewitzelt. Aber ganz geheuer war ihr die Sache im Herzen nicht.

Die praktische Uta machte sich Gedanken darüber, wie sie ein Zusammentreffen mit fremden Menschen gestalten sollten, die auf so eigenartige Weise doch zu ihnen gehörten. Einfach? Alltäglich? Mit einem kleinen Imbiss? Ein wenig reserviert? Neugierig? Mit offenen Armen? Olivers Vorschlag wurde angenommen: Dieser Anlass erforderte ein Festessen mit allem Drum und Dran.

»Und was ist, wenn die Leute unfreundlich, unangenehm, angeberisch oder sonst was sind?«

»Dann machen wir so etwas nicht wieder.«

Der wichtigste Tag des Jahres war da. Es roch nach Sommer, das Haus war blitzblank, die Kinder ungewöhnlich artig. Alles war aufs beste vorbereitet, als endlich das blaue Cabrio vorfuhr.

»Mami, bleib in meiner Nähe«, wisperte Francis und warf Uta einen Hilfe suchenden Blick zu. Dann nahm sie Pascal auf den Arm und ging ihrer Tante entgegen. Uta hielt sich ein wenig im Hintergrund. Sie beobachtete die schlanke dunkelhaarige Frau, die Francis so liebevoll in die Arme schloss, als habe sie sie schmerzlich vermisst. Auch Carlos tat so, als besuche er liebe Verwandte. Uta konnte die Augen nicht von Julia lassen. Es brauchte keines behördlichen Beweises, dass diese Frau eng mit ihrer Francis verwandt war.

Vom ersten Augenblick herrschte ein fröhliches Hallo. Julia und Carlos teilten Geschenke aus, an Uta einen übergroßen Blumenstrauß, für Chris eine Flasche besten Grappa, für Francis ein Paar kugelförmige, goldene Ohrclips.

»Mit diesen Ohrclips hat es etwas ganz Besonderes auf sich«, erklärte Julia, »aber das erzähle ich dir später. Die kleinen Evas Patricia und Marinja stolzierten in geschenkten zart rosa Kleidchen einher. Und Pascal lutschte hingebungsvoll an dem aus Holz geschnitzten Pferdchen.

»Erzähl mal! Erzähl mal!«, lautete der am meisten gesagte Satz. Julia musste sich unzählige Fotoalben anschauen und alle möglichen Geschichten dazu anhören. Sie fing immer wieder an zu weinen, wenn sie von Mona erzählte.

»Wir hatten einen guten Kontakt als Schwestern«, sagte sie, »und doch sind mir viele Dinge verborgen geblieben, die mir erst nach ihrem Tod eigenartig vorgekommen sind.« Es beschämte Julia, dass sie dergleichen zugeben musste.

Es waren drei aufregende Tage, in denen Bande geknüpft wurden, die die Natur geschaffen hatte. Carlos sagte zum Abschied:

»Unser Beisammensein war ein wunderbares Fest, dem viele folgen werden. Noch fehlt Graciela.«

»Und unsere Klara, um es rund zu machen«, vervollständigte Chris diesen Gedanken.

Julia nahm Francis beim Abschied beiseite und sagte:

»Ich bin so glücklich, dass wir uns gefunden haben. Nach und nach werden wir uns noch viel, viel besser kennen lernen.« Francis konnte nichts sagen, ihre Augen gaben die Antwort.

Das fröhliche Lachen ist längst verklungen, die Menschen wieder in alle Richtungen davongefahren. In Uta dauern die Erinnerungen an eine wunderbare große Familie fort. Sie lässt die dicht beschriebenen Blätter ihres Tagebuches durch die Finger laufen, hält hier und da inne, bei Mona, Klara, Chris, Francis.

. . . Alle spielen ihre Rolle, und sie gehören zusammen, auch ohne durch Blutsbande miteinander verknüpft zu sein. Mütter und Kinder und doch Fremde. Uta lächelt. *Vom Schicksal auf unnatürliche Weise getrennt und auf wunderbare Weise zusammengefügt und letztendlich doch ein Ganzes, getragen von Freude, Leid und Lachen, Trä-*

nen und Glück, Sorge und Kummer, aus denen sich die
Fragen herausbilden: Kann Liebe stärker sein als das
biologische Band? Kann man das natürlich gewachsene
Band auflösen und durch ein neues ersetzen?
Man kann ein neues, ein starkes Band aus Liebe weben.
Aber ein von der Natur geschaffenes Band ist dauerhaft.
Es ist und bleibt vorhanden.

Lange betrachtet Uta diese zuletzt geschriebenen Worte.
Warum hat diese Erkenntnis nicht auf der ersten Seite
dieses Buches gestanden?

Bei weiteren Fragen zur Adoption und Pflege von Kindern, wenden Sie sich bitte an:

Deutschland:
Bundesverband der Pflege- und Adoptiveltern e.V.
Große Seestraße 29
60486 Frankfurt/M.
Tel. 069/9798670
Fax 069/97986767

oder

PFAD FÜR KINDER, Landesverband für Pflege- und Adoptivfamilien in Bayern e.V.
Hubmannstr. 6
86551 Aichach
Tel./Fax 08251/1050

Österreich:
Eltern für Kinder Österreich
Bundesverband des österreichischen Pflege-, Adoptiv- und Tageselternvereins
Rodlergasse 15/12
A-1190 Wien

Schweiz:
Schweizerische Fachstelle für das Pflegekinderwesen
Schulhausstr. 64
CH-8002 Zürich